EL CUADERNO ANUAL

MARIO BOERO VARGAS

El
CUADERNO ANUAL

- CAMINAR Y PENSAR -

© Obra: EL CUADERNO ANUAL

Primera edición: Junio, 2024

© Autor: MARIO BOERO VARGAS

ISBN: 978-84-10039-72-8
Depósito Legal: M-13280-2024

Maquetación: Jesús Navarro Bravo

© Fotografías: Karina Haake

Foto cubierta: *Granada* (Agosto)
Fotos interior: *Malta* (Mayo)
La Palma (Enero)
Foto Contracubierta: *Hilly Fields (Londres)*

© Editado por VISION LIBROS www.visionlibros.com

Gestión, promoción y distribución: Grupo Editor Vision Net S.L.
C./ San Ildefonso 17, local, 28012 Madrid. España.
Tlf: 0034 91 3117696 // Email: pedidos@visionnet.es
www.visionnet-libros.com

Disponible en librerías físicas y online.

Para Elvira y Sebastián,
que ya están en camino

Malta (Mayo)

Acápites Introductorios

Declaro que una hermosa mañana, ya no sé exactamente a qué hora, como me vino en gana dar un paseo, me planté el sombrero en la cabeza, abandoné el cuarto de los escritos o de los espíritus, y bajé la escalera para salir a buen paso a la calle [...]. Hasta donde puedo acordarme hoy, cuando escribo todo esto, me encontraba, al salir a la calle abierta, luminosa y alegre, en un estado de ánimo romántico-extravagante, que me satisfacía profundamente. El mundo matinal que se extendía ante mis ojos me parecía tan bello como si lo viera por primera vez. Todo lo que veía me daba la agradable impresión de cordialidad, bondad y juventud[1].

Robert Walser

---

[1] WALSER, Robert. *El Paseo* (1917), citado en: GOTTLOB SCHELLE, Karl. *El arte de pasear* (Edición de F. Silvestre y traducción de I. Hernández). Edición Díaz y Pons. 2013, p. 7.

Tenía 17 años, y me paseaba un día por una ciudad de provincias, en el mes de junio, en la mañana. De pronto el mundo me pareció transfigurado de manera tal que me sentí llevado por una alegría desbordante y me dije: "ahora pase lo que pase, sé", Siempre me acordaré de dicho instante (...) Hubo como un cambio en el aspecto mismo de la ciudad, de la gente, del mundo. Me parecía que el cielo estaba más cerca. Tan solo puedo hablar de intensidad, presencia, luz[2].

Eugène Ionesco

¿Por qué nos parece que el camino es más largo cuando lo recorrimos sin conocer la distancia...?[3]

Pseudo-Aristóteles

---

[2] IONESCO, Eugène. *Diarios*. Editorial Páginas de Espuma (Traducción de Marcelo Arroita) Madrid. 2007, pp. 91-92.

[3] PIZARRO, HERRMANN. Alvaro. *El problema XXX en Aristóteles. La melancolía en la Antigüedad*. Ediciones Universidad Católica de Chile. Santiago. 2017, p. 135.

porque realmente no es posible *andar durante bastante tiempo y pensar con la misma intensidad*, unas veces andamos más intensamente, pero no pensamos tan intensamente como andamos, y luego pensamos intensamente y no andamos tan intensamente como pensamos, unas veces pensamos con una presencia de espíritu mucho mayor que cuando pensamos, pero no podemos pensar y andar con la misma presencia de espíritu... Si andamos más intensamente, nuestro pensamiento cede... si pensamos más intensamente, nuestro andar... No podemos decir que pensamos como andamos, lo mismo que no podemos decir que andamos como pensamos...Andar regularmente y [a la vez] pensar regularmente, ese arte es evidentemente el más difícil de todos y el que menos se puede dominar[4].

Thomas Bernhard

---

[4] DEL CASTILLO, Ramón. *Filósofos de paseo*. Ediciones Turner. Madrid, 2020, p. 19 —Cursivas en el original.

- 1 -

Los pasos iniciales

Sábado 8 de Enero 2022 (21.37 P.M.)

Después de años y años me doy cuenta que, en realidad, cada uno de nosotros despliega en la vida un extraordinario material sensible del cuerpo cuya emergencia se produce simplemente con caminar. Las extraordinarias sensaciones de equilibrio, paz o plenitud existenciales que ocurren en las señaladas descripciones de Walser e Ionesco tienen que ver con ello, y corresponden a algo más que a una sencilla "inspiración". Pueden reposar más bien en las densas impresiones de carácter emocional que los clásicos llamarían *afflatus*, caracterizado por realizarse en un determinado tiempo (que tiene un sentido de *kairós* en lugar de simple cronos) cuya toma de conciencia en el sujeto es brillante, pero también instantánea, efímera y fugaz.

Se revela en el texto de ambos autores que las premisas de tal fenómeno cinético radican en la articulación de un triple contexto: un lúcido espacio de carácter público, en la notable apertura íntima de los sentidos en la urbe, y en la armonía impredecible que en ocasiones otorga la Tierra al ser viviente que somos.

En cierta medida, en este asunto existe un determinado proceso iluminativo que tendría que ver con el *satori*, del zen, cuyo efecto en la persona recae de forma frontal en la manera de ver el mundo. William James y Carl G. Jung examinan en conocidos estudios los aspectos y propiedades de esta cuestión, y D.T. Suzuki considera que esta forma determinada de *afflatus* —fronteriza con lo místico— puede ser definido por dos características fundamentales: a) es algo inesperado, y b) no se trata de mirar algo *distinto*, sino de ver de *otro modo*, lo cual a partir de ello conciencia y visión adquieren un cariz nuevo en la vida de uno.

Tenemos, pues, un maravilloso tesoro a raíz del simple caminar, una vez un pie puesto delante de otro. Pero, si bien es cierto que esta preciosa consideración íntima puede ser manifestada por cualquier bípedo, la verdad es que como humanos resulta pertinente, antes que nada, hacerse cargo de qué modo se inicia el movimiento corporal diario teniendo en cuenta la exacta combinación entre el esqueleto y nuestro espíritu.

Esta cara bifronte que revela la realidad de mi persona, previa a cualquier camino, resulta importante examinar en casa, después de la cama y la ducha, pues me pregunto de qué manera se combinarán acciones musculares, acústicas, óseas, neuronales de mi *yo* con largos y densos —pero no desagradables— pensamientos propios de una mente que se siente despejada después de un largo viaje de sueños nocturnos. Es decir, me interrogo, antes de la marcha, cuál será mi disposición de espíritu a propósito de la materia corporal que poseo en mi cotidiano recorrido. Me trasformo inicialmente en "platónico" pues busco en esos momentos matinales *junturas* y anexiones entre alma y cuerpo, ideas y acción, pensamiento y movimientos. De mi sustancia epidérmica, que envuelve todo mi ser, emerge esa "cosa" intangible que se supone el espíritu cuya complementación con el cuerpo resulta básica para reconciliar en un buen tono qué pasa en mi caminata debido a personas, estructuras urbanas, colores, pensamientos, calles y otros tantos fenómenos que discurren en el ancho mundo que me ofrece el paseo.

Mi íntimo propósito de esta iniciativa respecto al itinerario, y las consecuentes proyecciones que hago de la ruta, permiten hacerme eco de las siguientes consideraciones conceptuales:

> pasear no es simplemente un medio para conocer la ciudad de cerca, sino una parte esencial del propio proceso de escritura. Los escritores-caminantes —dice Sinclair— reproducen dentro de su propia escritura los ritmos de sus trayectos, paseos, peregrinaciones y búsquedas. Caminar a la deriva —dice—, vagabundear adrede, es la mejor forma de explorar la ciudad, pateando la tierra asfaltada en un estado de "alerta ensoñación"[5].

---

[5] DEL CASTILLO, Ramón. *El jardín de los delirios. Las ilusiones del naturalismo.* Ediciones Turner. Madrid, 2019, p. 532.

El deseo ocular básico que surge en mi persona, una vez puestos los pies fuera del espacio doméstico, consiste en una fugaz contemplación al cielo que, si se confirma que es azul, adivino que veré con exacto relieve construcciones de casas, jardines, fuentes y aceras; y, si es gris, todo estará neblinoso lo cual también influirá en mis reflexiones. Pero encaminadas a cuestiones subjetivas muy recónditas que siempre se alojan en mí a raíz del singular aforismo de Ludwig Wittgenstein, cuyo contenido dice: "La idea del pensar como un proceso en la cabeza, en un espacio absolutamente cerrado, le da el carácter de algo oculto".

Sí, la emergencia de una idea (cualquier idea) de mi mente parece que proviene de algo secreto, como de una flor oscura que siempre reposa quieta en el centro interno de nuestras cabezas. El hermético desplazamiento (o caída) de sus negros pétalos en este interior craneal mío podría simbolizar la constitución seminal de un pensamiento que termina por aflorar en uno.

Quiero además, en la mañana, que mi espíritu detecte de qué forma está preparada mi sustancia corporal homínida para el viaje que iniciaré. Es decir, deseo examinar, gracias a un factor cenital (de arriba, solar, brillante), opuesto al umbilical (del ombligo, entrañas, tripas), el orden y la constitución interna de la materia humana que soy, y que sea este factor luminoso, que atribuyo a la conciencia, el que pase revista —desde mi cráneo hasta mis pies— al carácter y al temple espiritual de mi día para iniciarme en la extensa ruta urbana que dispongo a partir de este punto central de mi ciudad en España.

Sin ser yo en absoluto filósofo, el carácter habitual de mi política andarina en cierto modo es convergente a:

> lo que les ocurre a los pensadores mientras caminan y lo que se les ocurre sobre el propio hecho de caminar. La mayoría de las veces el paseo y el paisaje han sido un medio y un decorado para inspirarse o concentrarse, pero no un estímulo para hacer digresiones, experimentar, jugar y distraerse. Muy frecuentemente el único objeto de observación de los pensadores de paseo es su propio pensamiento. Pasear por *exteriores* solo parece servirles para ahondar más en sus *interiores*[6].

El carisma de independencia que otorga a mi personalidad ser un sujeto de naturaleza paseante, por lo demás, en realidad también esconde (y proyecta) en mi carácter —todo sea dicho— una secreta búsqueda por una "soledad voluntaria". La inmediata toma de conciencia de este asunto ético mientras ando cada día me dicta que —por supuesto— no estoy en engañándome al calor de esto que pienso, pues ello evidencia de modo completo y cabal que no puedo estar sino *conmigo mismo* en este disperso tránsito cinético: es mi cuerpo y la específica identidad de mi persona lo que indesmentiblemente se revelan en esencia (y apariencia) a propósito de este sencillo quehacer humano diario mío como transeúnte.

---

[6] DEL CASTILLO, Ramón. *Filósofos de paseo*, p. 38 —Cursivas en el original.

Sin embargo, este movimiento bípedo causa además en mi existencia un proceso especulativo distinto a mi sobredicha y confesada percepción, cual es reconocer que los pasos que doy —independientemente en libres vías elegidas por mí— siento que son convertidos en efectivo cauces que me "desapegan" de toda clase de criterios, propiedades o entes definidos como públicos, culturales, domésticos, sociales y políticos que cimentan la sociedad que vivo:

> Caminar es el movimiento preferido del solitario que se sirve de la naturaleza. Al poner un pie delante del otro se transforma en un paseante meticuloso. Presta atención a todo lo que se presenta a lo largo de un sendero nuevo: un macizo de arbustos antes oculto, un hormiguero que sale de la tierra, el canto de un pájaro oído por primera vez. Igualmente, el caminante se ejercita en dejar de pensar en sus congéneres
>
> Durante el paseo el caminante se despoja de sí mismo, diríamos citando a Montaigne. Se olvida de las habladurías, se concentra en los detalles del marco natural y vuelve a apropiarse de sus ideas
>
> Cuando el caminante no consigue olvidarse de las preocupaciones urbanas, sigue "siendo miembro de la sociedad". No llega a convertirse en un "habitante de la naturaleza"[7].

---

[7] REMAUD, Oliver. *Soledad voluntaria*. (Traducción de Marta Cabanillas). Editorial Gallo Nero. España, 2022, pp. 133-134; 136.

Sin llegar a las extremas hipótesis filosófico-políticas anarcoindividualistas sostenidas por Max Stirner, en *El único y su propiedad,* algo de ello se deduce de estos planteamientos.

En todo caso, si esta ausencia o "arrinconamiento" que hago o padezco de las relaciones sociales de mi entorno despierta desprecio, mala educación, incomodidad o malestares, toda mi curiosa vida interna se identifica en la calle y en casa replicando caprichosamente el aforismo de Ovidio el cual declara: *Bene vixit qui bene latuit* = "Vive bien quien bien se oculta". Pero recuerdo que Epicuro, en este sentido, es más estricto y, en uno de sus *dictum,* aconseja imperativamente a interlocutores estoicos, preocupados de su ética endemonista, "vivir oculto".

- 2 -

Efectos del espacio público

Miércoles 12 de Enero (09.52 A.M.)

La primera perspectiva visual que tengo, una vez fuera de mi domicilio, es un singular orden geométrico gracias a dos grandes árboles castaños que desde siempre han estado en una especie de vigilia frente a la ancha avenida que discurre entre ellos. Causan un juego armonioso con semáforos, que están en cada esquina, y directamente mi corazón me lleva a pensar, dado el silencio del barrio y la limpieza existente en las aceras, que estoy ante una simbólica pintura metafísica de Giorgio de Chirico. Este escenario reconforta espiritualmente la vista porque mi dispositivo cenital me expresa que estoy libre para caminar hacia cualquier periferia, en espacios amplios y cubiertos de un notable azul matinal.

El insondable silbido del viento establecido entre ramas y hojas de un árbol a otro hace que circulen imaginativamente en mi oído sueltos versos poéticos memorizados de tiempo atrás, de Vicente Huidobro ("el mundo está amueblado por tus ojos…"), de García Lorca ("Un día los caballos vivirán en las tabernas y las hormigas furiosas atacarán los cielos amarillos que se refugian en los ojos de las vacas...") y de Baudelaire ("tu mirar, tu sonrisa, tu pie ¿me abren la puerta de un infinito que amo y nunca conocido?"). Por increíble que esto parezca, decoran en mi fantasía una composición singular al interior pictórico de Chirico pues su arte, con ello, se me revela musical, y además esas palabras poéticas las observo plásticamente fijas en el aire de la calle, como esos versos escritos con humo y gas en el cielo de Nueva York por el chileno Raúl Zurita de su obra *Anteparaíso*.

Las geométricas sombras que producen los semáforos en el pavimento de la calle inducen misteriosamente mi cuerpo a que piense que yo también podría ser ese artefacto metálico, pues en ese vacío callejero brazos y manos de mi anatomía pueden hacer las funciones típicas del rojo, verde o ámbar del electrónico aparato. Indirectamente, esta figuración es una forma de expresar que mi esqueleto se siente ágil una vez abandonado el confort de la cama, y mi *yo* está estimulado para continuar la increíble aventura del urbano sendero cotidiano. La luz y el aire de pureza matinal entran no solo por mi nariz y mis ojos, también siento que ambos elementos atraviesan todos los poros de mi cuerpo. En realidad recuerdo que son los neutrinos (elementos cuánticos), provenientes del calor del Sol, los que traspasan, sin sentirse ni dañar nada, toda materia terrícola viviente o no.

Una vez circulando más allá de los semáforos, mi perspectiva visual se ensancha al sentir una reacción orgánica proveniente del pecho contenido de latidos cardíacos, los cuales me anticipan que el inmediato viaje que haré será largo, lo que es motivo de entusiasmo pues advierto que la ruta que he tomado —que casi siempre es diferente— hoy será revestida de factores inéditos a partir de mi proceso escópico. Es decir, aunque mi mirada en la urbe normalmente está destinada a depositarse en lo mismo (entes, personajes, tiendas, jardines) hoy adivino que se revelarán otras propiedades en sus contenidos, y esta "ansiedad" por detectar pronto la novedad de esta *epifanía* que me espera esta jornada me lleva a caminar rápido y a preparar mi mente para tal objetivo.

Pero digo: ¿Preparar mi mente? No soy yo conductor de ella; en la caminata cuerpo y cerebro están para mí transformados en un híbrido donde no es claro ver dónde están operativos los dispositivos internos de cada uno de esos ámbitos. Es decir, tomo conciencia que ideas, intereses, valores, intenciones manan efectivamente de "algo" que sería la mente, pero esto no lo observo condensado en el cerebro, sino que aquello es patrimonio de toda mi corporalidad. En cierto modo, es la combinación acción / pensamiento lo que está en juego pero ignoro dónde comienza lo uno y lo otro.

Anticipando una reconciliada plenitud vital en mi personalidad, cuando en ocasiones voy al campo más cerca de mi ciudad, advierto con claridad, en este contexto, las formulaciones de Erling Kagge relativas a cómo se disipan en él los binomios mente-naturaleza; cuerpo-espíritu; materia-alma:

> Cuando camino por el bosque, siento cómo, poco a poco, todo mi ser pasa a formar

parte del entorno. Siento que mi cuerpo no se acaba en la punta de los dedos. Con el paso de las horas, el cuerpo sigue su camino por la hierba, por el brezo, por los árboles y por el aire. Si un pájaro tiene el ala herida o a un animal le falta la comida, siento un poco de su dolor. Entonces tengo la sensación de ser parte de algo incomprensiblemente más grande que la vida diaria como empleado, contribuyente y padre de familia[8].

Por su parte, Frédéric Gros no habla de complementación sino de *participación* en su camino cuando ocurre ese íntimo fenómeno personal:

siento en mí lo vegetal, lo mineral y lo animal. Me siento hecho de la misma madera que el árbol cuya corteza toco al pasar, del mismo tejido que las altas hierbas que rozo, y mi respiración entrecortada, cuando me detengo, se acompasa con el jadeo de la liebre que de pronto hace un alto delante de mí[9].

Con dichas formulaciones —advierte Gros— que en este asunto no se trata en ningún caso de sensibilidad religiosa

---

[8] KAGGE, Erling. *Caminar. Las ventajas de descubrir el mundo a pie* (Traducción de Lotte Katrine Tollefsen). Editorial Taurus, Barcelona, 2019, p. 140.
[9] GROS, Frèderìc. *Andar. Una filosofía* (Traducción de Isabel González). Editorial Taurus, Barcelona, 2014, p. 105.

fideísta, aunque con lo mencionado parece estar a punto de expresar una ininteligible *unión mística* jungiana.

También el sentido unitivo producido en la mente de A. Strindberg entre paisajes, pensamiento y vivencias es extraordinariamente sensitivo en él, a propósito de sus reflexiones y paseos por Estocolmo. Parece, en ocasiones, vivir un verdadero *afflatus* cuando descubre en su errancia por la ciudad que la naturaleza está:

> concorde conmigo, y entonces vivo como en mi propia piel. Es un paisaje sobre el que tengo derechos, que ha crecido conmigo, al que he convertido en trasfondo de mi propia persona. Pero también él tiene cambios de humor, y hay mañanas en las que no concordamos. Entonces, todo se muestra trasformado: los arcos triunfales de los abedules se han convertido en ramaje seco, los espectrales emparrados formados con avellanos no logran disimular las elocuentes varas de avellano; el roble extiende con odio sus brazos nudosos sobre mi cabeza y yo lo siento como un yugo o una collera sobre mi pescuezo. Este desacuerdo entre mí y mi paisaje me saca de quicio, hasta el punto de desear romperme en pedazos y saltar por los aires. Y entonces, cuando me doy la vuelta y puedo ver las tierras del sur, con todo el imponente perfil de la ciudad, me siento como si estuviera en un

país extraño y enemigo y yo mismo soy un turista que contempla todo esto por primera vez, abandonado como un extranjero que no conoce a nadie dentro de estos muros.

Sin embargo, cuando llego a casa y me pongo ante mi mesa de escribir, revivo; y las energías que he ganado fuera, ya sea mediante la corriente alterna de las disarmonías o mediante la corriente continua de las armonías, se ponen ahora al servicio de mis diversos objetivos. Vivo, y vivo de forma múltiple, todas las vidas humanas que construyo: alegre con los alegres, malo con los malos, bueno con los buenos; abandono mi propia persona y hablo por boca de los niños, de las mujeres, de los viejos; soy rey y mendigo, soy el más encumbrado el tirano, y el más despreciado, el perseguido enemigo del tirano; tengo todos los puntos de vista y profeso todas las religiones, vivo en todas las épocas y he dejado incluso de existir. Es un estado que proporciona una felicidad indescriptible[10].

En el *Libro del desasosiego* es posible observar valiosas introyecciones del yo, acordes con el autor sueco. Uno de estos literarios mecanismos internos en esta destacada obra portuguesa se revela a raíz de *la fijación* de Pessoa en un mundo viviente —a propósito de un viaje en tren a Cascáis— introduciéndose

[10] STRINDBERG, August. *Solo* (Traducción de Manuel Abella). Editorial Mármara, 2015, pp. 70-71.

él mismo en tal contingencia humana, reflejada en una constelación familiar a medida que avanza el ferrocarril:

> Después, al pasar por delante de casas, de residencias, de chalets, voy viviendo en mí todas las vidas de las criaturas que viven en ellas. Vivo todas aquellas vidas domésticas al mismo tiempo. Soy el padre, la madre, los hijos, los primos, la criada y el primo de la criada, al mismo tiempo y todo junto, gracias al arte especial que tengo de sentir al mismo [tiempo] varias sensaciones diferentes, de vivir al mismo tiempo —y al mismo tiempo desde fuera, viéndolas, y por dentro, sintiéndolas— las vidas de varias criaturas[11].

Me parece llamativo agregar que, con este repertorio de sensaciones que estoy contando, doy pie y estoy a punto de encaminar mi propia realidad visual hacia una determinada "cosmización" de la vida, lo cual implica que incluso todo lo lejanamente inaccesible al prisma de mi persona en el camino (la luna, astros, materia oscura) se incluye y lo integro de modo practicamente táctil en el radio doméstico de mi ruta. No vivo solo el dolor del pájaro "que tiene el ala herida", del que habla Erling Kagge, ni tampoco únicamente veo el escenario cromático que acompaña "el jadeo de la liebre", la cual es mencionada por Frèdéric Gros, o sólo las típicas impresiones acústicas y plásticas que cuentan Strindberg y Pessoa. Pues con

---

[11] PESSOA, Fernando. *Libro del desasosiego* (Traducción de Perfecto Cuadrado). Editorial Acantilado. Barcelona, 2002, p. 315.

la crítica experiencia híbrida cuerpo-mente opera en mi persona una sustancia intuitiva algo más ancha que dichos testimonios cuyo fondo parece no tener límite y —sin ser en absoluto una cuestión perturbadora esta densa dimensión que proyecto, por no poder entenderla ni controlarla a mi voluntad— en realidad me hace caminar cada paso con un ánimo de verdadera paz.

Pero esta inmensa percepción visual del entorno en mi camino, donde llega a incorporarse un "más allá" solar, según el énfasis de mi emoción, no es solo debido al plano ocular cuya pantalla está en mis retinas: también los poros cutáneos de mis manos, en el universo microscópico de mi carne, siento que están en perfecta constelación con las abundantes esporas de musgos y helechos existentes la plaza ajardinada que cruzo, y el conducto de mis fosas nasales sintoniza de inmediato al respirar con los rizomáticos espacios de humedad dominantes debajo del pasto. Es mi piel en este caso, y no la vista, la que *fotografía* el entorno oculto al moverme (humedad y esporas) y esto es algo viviente que solo se debe a mi intuición, antes que la conciencia discurra y examine todo ello. En cierto modo, creo estar existiendo dentro de un laboratorio pleno de contenidos sinestésicos, es decir, un mundo de difusas combinaciones sensoriales pero integradas en armonía dados mis extraordinarios estímulos vitales de belleza y calma. Incluso esta sublimación de mi alegría la veo revestida no sólo de identidades estáticas, sino también como procesos activos en la naturaleza si me detengo en detalles respecto a la armonía de hojas secas sacudidas por el viento, o en el sentir de un dinámico flujo acuático de un riachuelo, que es congruente con el equilibrio del ritmo de mi sangre al palpar el pecho.

La extraordinaria "vibración" de propiedades holísticas producida en mi ser por este profundo suceso en la gran urbe me facilita pensar una cosa curiosa. En realidad, este híbrido en mi vivencial corazón es fruto, como dice G. Simmel, de la "intensificación" de estímulos nerviosos (no necesariamente críticos o nefastos) establecidos como premisas por las "rápidas e ininterrumpidas" tensiones o contrastes (visuales, emocionales, estéticos) acaecidos de modo excesivo en la existencia diaria del urbanita que —para Simmel— determinan sociológicamente en la ciudad la psique del sujeto contemporáneo.

Resulta interesante esta observación conceptual respecto a las bases fundantes del individuo en movimiento en la metrópoli, pues es evidente que la contínua traslación y producción de imágenes, figuraciones, ideas y representaciones urbanas activan de modo notable psiquismo, fantasías, estéticas y conductas en la ¿aparente? armonía que presupongo disfrutar en mis rutas en la modernidad. En un sentido muy particular Antonio Muñoz Molina confirma todo esto en su texto *Un andar solitario entre la gente*, donde resulta evidente cómo este autor hace notar la presencia de "tsunamis" informativos, publicitarios, propagandísticos (radiales, visuales, literarios, auditivos) una vez en marcha los pies fuera de su casa en sus paseos por Madrid, Lisboa o Nueva York.

Al haber sufrido yo esa *intensificación* nerviosa en el centro de una gran avenida de Santiago de Chile, recuerdo que mi mente y sentidos se "dispararon" hacia límites extrasensoriales, que predispuse en constelaciones, estrellas, luna y astrofísica materia oscura. Poquísimas veces en mis caminatas, cruzando geografías aldeanas, han aflorado tan intensas mutaciones de naturaleza cósmica a raíz de complementos o transiciones entre sensaciones y pensamientos subjetivos, y el real mundo exterior. Habitualmente me han ocurrido inmerso en la densa masa poblacional de la urbe.

Es probable que la emergencia en mi espíritu de la denominada "cosmización" en dichos lugares mundanos, sea un inconsciente recurso defensivo mío frente a aglomeraciones humanas sufridas en diversas travesías. Es también esta experiencia un modo simbólico de interpretar un *escape* de ese aturdimiento que me figuro en otros sujetos al acaecer en la ciudad la dura tarde de una jornada laboral: fisonomías demacradas, amarguras del alma, y fracasos ciudadanos por cruzar sin esperanzas el día. Pero ello es sin duda la producción de una huida espiritual cuya manifestación descansa en un nido sentimental mío francamente íntimo y cálido. Cuando me explico cómo sucede dicha *fuga*, comprendo que es un regalo que nace en mis sentidos como simple plenitud existencial y en ningún caso ha supuesto en mi persona movimientos de alguna especie de praxis que me garantice cosmizaciones estables o permanentes, según son formuladas las interesantes "huidas del mundo", promotoras de escapologías en la Historia, según estudios escritos de Antonio Pau.

- 3 -

Percepción visual y ateísmo

Domingo 16 de Enero (14.38 P.M.)

Recuperando la experiencia somática acorde a esa sensitiva espiritualidad redactada la anterior semana deseo agregar que, si mis rodillas resisten mis enérgicos pasos sobre las charcas de agua producidas la noche anterior, me convenzo que en esa parte de los huesos de mi cuerpo recorre una específica *inteligencia* cuya obvia propiedad, en otras circunstancias, se manifiesta lógicamente condensada sólo en el lenguaje, escritura o lecturas. Si mis pies tienen equilibrio para evitar una incómoda baldosa en la calle, ahí en los tendones hay "inteligencia"; cuando la espalda está flexible después del excesivo peso en la mochila en mi paseo, ahí en los músculos también hay "inteligencia"; si al andar en una larga avenida las caderas admiten pasos irregulares entre un parque y otro, ahí también hay "inteligencia".

Cuando estoy contemplativo en un paseo toda la materia orgánica, celular, neuronal, psíquica que supuestamente tengo para razonar se transforma en una sustancia botánica, aérea, pétrea, dependiendo de lo que mire (plantas, árboles, cemento, arena, aves) pues sufro la sensación de ir más allá de esa penetrante formulación de Wittgenstein, cuyo contenido brota de él, al parecer agotado o exhausto de razonar intelectualmente sus borradores del *Tractatus*: "No pienses, mira", dice el autor austriaco en su póstuma obra.

Digo por mi parte "ir más allá" porque yo siento completamente transferidos mis pensamientos en la realidad escópica que muta en mí, y no sólo como advertencia filosófica. En algún punto del desarrollo especulativo de mi mente en el camino, captando en detalle y a fondo el reino natural de las cosas, siento que mi existencia se *emancipa* del "maniqueo" sistema compuesto de sujeto/objeto y —una vez esta estructura disipada de sí— la realidad me parece revelada de modo totalmente integral.

El reposo de esta radiante experiencia en el centro de mi corazón me ancla y aclara de modo frontal (creo que sin muchas dudas) la ilógica instalación que vive el creyente en relación con su Dios. Pues gracias a mi propia desmesura existencial que cuento es evidente que se clausura de modo completo algún apéndice metafísico que viaje a una determinada fe, dogmática, teología o iglesia. Inmediatamente contemplo que toda conciencia religiosa de fieles construye caprichosamente en su alma algún modelo de monoteísmo cuyo diseño siempre responde en su *yo* en forma de un híbrido especulativo que transita entre "Juez y parte", inscrito del todo en el propio sujeto pensante. La crédula operación de este interno automatismo conduce a dicho creyente a imaginarse interpelado por *Dios*, cuando en realidad desde siempre es él el que autocita al Divino Señor para justificarse, y la seguridad del juego de la fe con lo sobrenatural no sale jamás fuera de su mente. Siempre serán sus propias manos y criterios los que cultiven en su ilusorio espíritu estereotipos de un Ente que se bifurca en "Juez y parte", arrastrado por el creyente hacia sí gracias a la convicción que otorga un espejismo.

Al observar en mi conciencia con este paradigma el indudable cristal narrativo de S. Freud y L. Feuerbach respecto a los credos y al teísmo, también me resulta crítica la penetrante (pero engañosa) declaración de L. Wittgenstein del 16-2-1937 escrita en su *Diario. Movimientos del pensar*: "Una cosa es hablar a Dios y otra hablar de Dios a otros". En realidad, toda esta frase oracular queda clausurada en el subjetivo bucle intelectual del filósofo vienés, cuya "sacralizada" mente permanece en definitiva contenida de deseos o pulsiones humanas, aunque él se implica imaginativamente en tener en vistas a un Ser oyente, receptivo en hipótesis tanto de un lenguaje íntimo como de divulgativos discursos públicos respecto a Él.

Por lo demás, mi actual ética no admite ver con dignidad toda la tradición piadosa que implica la palabra "Dios" (pero sí admiración total por todo Arte Sacro) y yo con ello, por tanto, siento modificado el ánimo de mis sentidos figurándome una deformación de ese Ente que —aunque queda como un simple dispositivo imaginario— es un fenómeno que muta de lo ridículo a lo cómico (Semanas Santas, elecciones papales, procesión a La Meca, el Dalai Lama en el Tíbet, etc.).

Todo este reproche crítico mío de hoy se debe al parecer a un cierto abandono de la fe, gracias a una singular catarsis. Pienso en mi completa irreverencia que llevar encima toda esa esperanza transcendente que hay que cultivar, porque la ofrece "Dios", me resulta arduo y pesado (La liberación de la esperanza es la liberación total = ¿Única Zürn? ... En nada creo, a nada temo, soy libre = ¿N. Kazantzakis?).

Además, dentro de todo este asunto relativo a "Dios", recuerdo que caminando en Cataluña se reveló ante mi una tarde un aspecto típico de *Lo siniestro* en relación con el culto y la credulidad, es decir, aquella nebulosa impresión ocular y temperamental freudiana que es *destapada* —en este caso en el clero— causando una sorprendente perturbación en mi espíritu al descubrir ese patético imaginario, aún cuando en realidad se supone que esta difusa vivencia siempre debe permanecer escondida al calor del reposo de lo íntimo del hogar, de la vivienda o del templo —donde acaece la figuración gestual del religioso en cuanto sinagoga (*sabbat*), mezquita (*ramadán*), o iglesia (*cuaresma*). ¿De qué se trata?

Una vez perdido caminando por calles cerca de las Ramblas de Barcelona, me encontré con la celebración de un rito ecuménico y, al observar al personal correspondiente (morabitos, suffíes, diáconos, monjes, sacerdotes, muecín, mullah, bodhisattva, sadhu, rabinos, obispo) en oficios sacramentales, se produjo el destello de una repentina y angustiosa llamada en mi conciencia: todo ese escenario litúrgico, lleno de comunión de agentes clericales, lo interpretaba como un *puro disimulo* que ejercían de algo en sí carente de sentido para ellos. Esta exacta vacuidad de sentido la sentía revestida en dicha devota congregación de imposturas, lo cual destapaba que el centro neurálgico de esa representación consistía simplemente en una hueca opereta respecto a un agónico juguete de "Dios": Alá, Brahma, Pachamama, Yahvé, Jehová, Buda... de aparente divinidad pero todo pagano y no poco idólatra. Ahí se revelaba en mi mente y en mi sistema ocular una verdadera metamorfosis escópica respecto de la parsimonia y la fe del clero, condensadas las dos en una naturaleza completamente impostada cuya secreta identidad permanecía convertida en engañosas vestimentas, composturas y lenguaje en vistas a la ingenuidad de los fieles catalanes. Después de respirar este asfixiante y anómalo universo teísta recuerdo que encontré con alegría un delicioso camino al mar.

Con todo, ese precioso núcleo complementario vital que cuento, producido en mi ser entre naturaleza y conciencia (ajeno yo a toda credulidad religiosa), lo descubro y examino sin problemas en mi solitario y anónimo paseo. Sin embargo sé que una vez vivido ese mismo trayecto, pero con una determinada amistad, todo el contenido de vocabulario, opiniones, respuestas y conversaciones (a raíz de la interlocución) modifica de modo muy claro dónde está el intelecto y dónde el movimiento casi automático de mi persona a medida que se charla y se camina. Distingo en este paseo con ese hipotético sujeto por un lado plantas, gentes y calles a mi alrededor —todas impresiones fruto de evidente lógica y raciocinio— pero no *colonizan* mi cuerpo al compás (como diría Zubiri) de la conciencia sintiente, como me ocurre cuando individualmente avanzo con impresiones epifánicas al mutarse la Tierra entera para mí en mezclas integrales de mente subjetiva y materias visuales, como las botánicas o vegetales.

Sentimientos en realidad absolutamente opuestos a las consideraciones que sufre la conciencia de Antoine Roquentin en mi lectura de *La Náusea*. La gratuita inanidad de la existencia —percibida sin ilusión alguna— es proyectada en esta novela en un árbol de un parque de la imaginada ciudad de Bouville en cuyas raíces se deposita el carácter de la completa naturaleza de Lo Absurdo. Según Sartre, ello se articula y es fruto de una mirada suya con propiedades diferentes a las realidades del Ser y de lo no-humano, pues esa visión alumbra criterios que demuestran que dichas entidades, según él, en conclusión, están *de más*. En algún sentido parece revelarse una singular epifanía nihilista. Literariamente difiere, como es lógico, de la extraordinaria sensibilidad forestal de J. Fowles respecto a la interpelación causada en su imaginativa escritura al declarar:

> me interesa el árbol como unidad, el árbol en sí mismo, y el arte de cultivarlo, ya sea de una manera literal o artística. Pero debo confesar que mi interés real se centra más en la composición que forman los árboles en su conjunto, en los complejos paisajes internos que se crean cuando crecen a su antojo en cualquier paraje. En ese organismo colonial, ese coral verde que

descubro en los bosques o en las arboledas, reside para mí el auténtico significado de la experiencia, de la aventura, del placer estético[12].

Robert Frost —como poeta— parece hacerse eco de esta composición literaria gracias a unos versos que interpelan su intenso compromiso por la preciosa criatura silvestre:

Por mí mismo.

Uno de mis deseos es que esos oscuros árboles,
tan ancianos y firmes que apenas se alteran con la brisa,
no fueran, digamos, la máscara solamente de una sombra,
sino que hasta el último abismo se extendieran.
Pero no solo no me detendrán sino que un día
hacia su vastedad me atreveré a deslizarme,
sin miedo a no encontrar jamás el campo abierto
o una carretera donde la lenta rueda esparza arena[13].

---

[12] FOWLES, John. *El árbol* (Traducción de Pilar Adón). Editorial Impedimenta, Madrid. 2019, p. 33.
[13] FROST, Robert. *Poesía Completa* (Traducción, introducción y notas de Andrés Catalán). Linteo. Ourense. 2017, p. 45.

- 4 -

Paisaje y proyecciones morales

Viernes 11 de Febrero (17.05 P.M.)

A raíz de este fondo de propiedades misticoides, contadas en el *Cuaderno* en enero, profundidad espiritual operativa a veces en mi conciencia, me pregunto hoy, antes de cruzar la calle, porqué la fisonomía de un paisaje muy difícilmente se puede deducir que es cómico o ridículo, sin embargo sí se afirma por la crítica artística y literaria que dicho entorno puede ser *siniestro* o *melancólico*. La advertencia estética relativa a la dificultad de afirmar que un horizonte urbano o un paisaje natural es ridículo está formulado por Karl Gottlob Schelle, pero las afirmaciones de horizontes naturales hermosos o patéticos se declaran libremente en la literatura: Bram Stoker escribe que el protagonista de su novela, al dirigirse al castillo de *Drácula*, está envuelto en un paisaje inhóspito y siniestro; Isabelle Eberhardt en sus *Diarios* encuentra siempre dulce y melancólica la naturaleza desértica en sus deambulaciones por el Sahara. Sin embargo, *compasión* sí puedo sentir por un inmueble, una calle, un panorama o un determinado escenario natural.

Cuando hablo de "compasión" por un lugar se hace notar en mí no sólo una fotografía, también veo la presencia de *un tiempo* arruinado que se acompasa de algo sin esperanza, como revelándome que abandone todo optimismo en vistas a resolver dicho espacio (con mantenimiento o reformas). Solo queda significativo en mi mente el valor de la desgracia o la pena, de acuerdo a las reminiscencias de lo que fué aquél sitio. También el neologismo *solastalgia* (o topofobia) puede ser aplicado al respecto.

Existen dos casos globales típicos de solastalgia para mí con implicaciones en lo político y medioambiental, cuyo eco y contenidos de compasión y ruina fueron (aparentemente) eliminados una vez reconstruidos los sitios de desolación y muerte. Ambos se condensan en un fatídico "Once de septiembre": por un lado, la destrucción del Palacio Presidencial de La Moneda en Santiago de Chile, en 1973, a raíz del golpe militar de A. Pinochet; por otro, el desmoronamiento de las Torres Gemelas de Nueva York en 2001, debido al ataque de Al-Qaeda. Sin embargo, el impacto de ello fue tan brutal que la solastalgia respecto a estos eventos siempre pervive en la memoria de interlocutores australes y estadounidenses.

La rehabilitación estructural de ambos edificios no ha impedido que siga latente en el recuerdo histórico de espectadores la original topofobia. En realidad, el imaginario público, social, ideológico, en la conciencia popular chilena y estadounidense conserva mucho más el cuadro icónico de la destrucción, que las reformas u obras nuevas sobre ellas. El revestimiento dado a La Moneda y a las Torres Gemelas ha causado efectivamente el paso a una nueva sensibilidad del "tempo" histórico, pero siempre se tienen patentes los antecedentes de compasión y ocaso sufridos por dichos edificios. En este sentido, si uno camina, anda o corre en torno a la Historia y Geografía de dichos emplazamientos se revela una especie de *palimpsesto* en las políticas culturales que en el activo presente se imponen en Santiago y Nueva York. Lo que se ha escrito (construido) como "renovación" en realidad no acalla la emergencia de la claridad de *lo borroso*.

Con todo, cabe decir que la sensibilidad que produce el asco por la topofobia, por ejemplo, no es aplicable a paisajes campestres, silvestres o rurales, según son contemplados por mí en las anchas panorámicas españolas. Si bien la percepción visual, en principio, sufre incongruencia por sensaciones perturbadoras o repulsivas que puede presentar la Naturaleza, finalmente es el escenario estético-contemplativo de lo hermoso el que "triunfa" en mi óptica como contrapunto a la presencia de realidades descompuestas, podridas o degradadas típicas del asco. A pesar de sus incómodas funciones tangibles, olfativas y glandulares para mis sentidos, siempre en definitiva es la sensibilidad de lo bello la que otorga cuerpo interno al paisaje, carretera o campo visualizados por mí.

Aurel Kolnai pondera de manera creativa cómo se desarticula tal ambivalencia sensitiva (vista/repulsión), propia de un paradigma bifronte, una vez interpelado el ente meditativo por una específica "realidad vomitiva". Estima este autor que esta impresión es evidente en todo sujeto afectado a raíz de reacciones mediadas por desagradables aspectos táctiles de nuestro medio pero Kolnai, sin embargo, anticipa que muy difícilmente el dispositivo moral de la repugnancia puede ser operativo o viable en vistas a decorativos paisajes forestales.

En relación a la ambigüedad de sentido existente en la morbosa naturaleza del asco, W. Benjamin considera que:

> Toda repulsión es, en su origen, repulsión al contacto. Incluso el afán dominador sólo consigue pasar por alto este sentimiento mediante gestos bruscos y desmesurados: estrujará con violencia y devorará al objeto de la repulsión, mientras que la zona del más leve contacto epidérmico seguirá siendo tabú. Sólo así se puede satisfacer la paradoja del imperativo moral que exige al ser humano la superación y, a la vez, el cultivo más sutil de la sensación se asco[14].

Con todo, la percepción cerebral fundamental, una vez mi *yo* en circulación cada día en mi laberinto vial, consiste en registrar cuál es la magnitud espacial existente en la calle entre sujetos y objetos, pero también calculo el carácter de la magnitud temporal, es decir, cuáles serán mis tiempos cinéticos entre la esquina que observo y la plaza frente a la iglesia de mi barrio. Esta combinación de magnitudes son ininteligibles al registrarse racionalmente en mí fuera de casa, pero tienen sentido y consecuencias prácticas cuando ambas operan en la mente al

---

[14] BENJAMIN, Walter. *Dirección Única* (Traducción de Juan del Solar y Mercedes Allendesalazar). Ediciones Alfaguara. Madrid, 1987, p. 22.

facilitarme y adivinar yo (no sé cómo) exacta información pertinente para el camino: es verdad y se confirma que hoy no tengo personas ni obstáculos al frente de mi calle, y son quince cortos minutos los que me llevan hasta el templo cristiano.

Con esta magnífica percepción de hoy, avanzando hacia el fin de la calle, también siento que uno "desaparece en sí", como expresa David Le Breton en su texto del mismo nombre, pero para mí, por supuesto, no en el sentido de una voluntad de "quitarse de enmedio para siempre", sino en el aspecto vital de sentir que son las piernas las que toman el total relevo de mi individualidad a medida que me muevo y respiro. De tal modo se atomiza mi conciencia en momentos, por este específico y brillante proceso corporal, que parezco estar solo en este mundo, pero otorgando fuerza y coherencia completa al planeta, que en esos instantes se revela como el universo más perfecto y feliz de todos los posibles (¿mónada leibniziana?). Estado de mi personalidad en realidad de felicidad y placer no solo por caminar, sino por *vivir* pues, como expresa Fernando Savater, lo más importante que nos ha podido ocurrir en nuestra vida se ha hecho realidad con nuestro nacimiento. No sé qué extraña subjetividad me hace sentir, con esto, que soy un eón que tiende a integrarse y dar forma a un pléroma. Pero este proceso imaginativo, que responde a una fantasía gnóstica, se convierte de pronto en simple solipsismo.

Sin embargo, ello implica estar revestido de un proceso sensitivo extraordinario y maravilloso, cuyo contenido al caminar —como es mi caso— manifiesta y suma una notable concentración de elementos visuales que juegan en la personal contingencia: el perro con el que me cruzo en una densa avenida de Bilbao es todo un asombro pues con él se me hacen claros las infinitas variaciones de tono del pelo canino; el césped que piso al atravesar un parque en Santander me revela el secreto milagro que implica la verde clorofila en el suelo; la densidad del oxígeno que respiro al desayunar al aire libre en una terraza de Málaga lo siento limpio y fresco; los nuevos pasos que doy hacia una fuente de agua clara en Toledo creo que están sostenidos por una tierra firme recién renovada, y el destello del Sol que recae en Madrid causando "chispas" en amplias vitrinas que muestran vestimentas de moda es proyectado hacia luminosas montañas soñadas por mí.

Respecto al efecto de esa luz solar en el camino, he leído que W. Benjamin presupone que es un verdadero *sacramento* recibir el calor matutino al caminar, cuya brillante consecuencia puede desplegarse más allá de la mañana:

> Quien despierto y ya vestido vea ante sí salir el sol —durante un paseo, por ejemplo,— conservará ante todos los demás, y por el resto del día, la soberanía de alguien que ha sido coronado con una diadema invisible, y aquel a quien el sol haya sorprendido trabajando, tendrá la impresión, a mediodía, de haberse puesto él mismo la corona[15].

---

[15] BENJAMIN, Walter. Ob. cit., p. 59. También en W. Benjamin es posible observar a un impetuoso caminante, si tenemos en vistas sus consideraciones

El pulso terrestre de toda esta luminosidad de hoy lo siento palpitante cuando adivino en una esquina de mi barrio la extraordinaria energía desplazada en el aire, una vez advirtiendo el ritmo operativo de tres cuerpos en gimnasia. Pero lo que respiro al caminar me oxigena de diferente modo en relación al recreativo descanso que tengo una vez alcanzado el interior del *Café Comercial* del barrio. Confirmo este asunto pulmonar no solo por el cambio de dimensiones espaciales entre la calle y este local, sino también porque los pensamientos, en este espacio, reducen categorías y expectativas respecto a disquisiciones introducidas previamente durante el camino en la mente. En este sentido también me doy cuenta de las premisas de Nietzsche al declarar que, sentado y sin andar, una filosofía resulta prisionera y vive servidumbre en el pensar. Sabemos que como contrapunto el pensador alemán reclama:

No dar crédito a ningún pensamiento que no haya nacido al aire libre y pudiendo nosotros movernos con libertad ... La carne del trasero es cabalmente el pecado contra el espíritu santo. Solo tienen valor los pensamientos *caminados*[16].

vitales a raíz de su "exilio" en Ibiza (1932-1933). Declara que, en compañía de un matrimonio amigo, exploran pueblos más allá de la capital de la isla cuyo acceso a estos lugares llevaban hasta "catorce horas" de caminata (Cf. VALERO, Vicente. *Experiencia y pobreza. Walter Bejamin en Ibiza.* Editorial Península. Barcelona. 2001, p. 130). Valero también nos recuerda la intensa travesía a pie realizada por Benjamin atravesando los Pirineos con el fin de encontrar su suicidio en Portbou (1940).

[16] NIETZSCHE, Friedrich. *Ecce Homo. Cómo se llega a ser lo que se es.* (Traducción de Andrés Sánchez Pascual). Editorial Alianza. Tercera edición. Madrid, 2020, p. 169, nota 44. Cursivas en original.

Pero, en otro sentido, pienso que este texto declarativo crea una contradicción a los postulados de Schelle respecto a las caminatas, el cual estima que los paseos no deben tener como finalidad cavilaciones teóricas o reflexiones filosóficas. El andar es bueno para la psique, dice este autor, pero resulta terrible presionarlo "con trabajos fatigosos". Sin embargo, Nietzsche sacó adelante su densa teoría filosófico-existencial del "eterno retorno" avanzando en plena montaña a 6.000 pies de altura… ¿no? Una vez razonado este corto pensamiento, ocasionado por el *Café*, empiezo a sentir cuánto hecho de menos seguir a pie, en lugar de encerrarme sin aire, pues no quiero arruinar la promesa del día feliz anunciada en la madrugada.

Con una potencial energía me entrego con dinámicos pasos fuera del local hacia una ancha bocacalle, en cuyo fondo diviso árboles que causan agradables sombras a unos pocos peatones, reposando talvez de algún corto paseo matinal. El sentido vigorizante que ellos pueden dar a su caminata es inexistente en mí pues mi movimiento corporal siempre está activado por ímpetus muy diferentes a lo deportivo. Carezco en mi camino de disciplinas gimnásticas y el trotar en la calle o parques con ritmos musculares es algo fuera de criterios propios de mi callejeo detenido, por el contrario, en brevísimos análisis respecto al calor o frío del día, al posible bienestar visual que produce la estética de una vivienda en una pequeña colina, y a los colores irritantes que causa la publicidad cartelera.

La extraordinaria libertad, autonomía y espontaneidad de las que dispongo esta mañana al caminar —entendido esto en su simplicidad como la natural dinámica corporal para moverme donde quiero a partir de mis pies— tiene como contrapunto hacerme pensar en el posible agobio de aquellos ciudadanos que sueñan con el libre empleo de sus piernas por imitar mi liberación, pero no pueden. En relación con el intenso control a los conductores de módulos mecánicos existentes en la urbe, tales como transportistas, chóferes, motoristas, ciclistas, por la obligación del piloto de someter su vehículo a las estrictas vías, rutas y direcciones de tráfico, siento que mi libertad los incomoda. Sobre todo cuando miran mi completa emancipación de máquinas en torno mío.

Incluso la tentación que se me ocurre a veces por subir a un transporte público, con el fin de llegar con prontitud a un destino deseado después de horas caminando, la evito completamente. Pues siento que subir a dicho autobús transformaría mi vida en *encapsulada*, lo cual arruinaría la serie de soportes pensativos míos que discurren libremente entre el gentío, semáforos y esquinas divergentes. Mi vida se vería completamente atomizada de un modo insoportable dentro de ese módulo al deprimir o degradar la expansión de sentimientos, emociones y vivencias que siempre están en tránsito al aire libre durante mi camino a pie.

No es propiamente la sensación corporal de encierro, que me produce el autobús o el metro, la que anula mi deseo de meterme en ellos sino el malestar que me causa sentir que cada uno de sus movimientos mecánicos impide la emergencia pausada de pensamientos, lo cual es vital para mí. Es una cuestión que, en cierto modo, tiene que ver con las consideraciones literarias que he hojeado en textos de Kagge y Schelle, en el sentido que tanto rapidez o lentitud corporal en el paseo tienen consecuencias en relación con el temperamento operativo de reflexiones, emociones o recuerdos existentes en los auténticos procesos peregrinos de la vida.

Ese malestar que proyecto en la existencia cautiva de esos sujetos en coches incide aún más en mi conciencia cuando, al observar yo mismo en mi domicilio el mapa de la ciudad en la que me he desplazado durante el día, imagino descubrir que un extraño satélite (desde un punto cenital más allá de las nubes) ha creado lúcidos automatismos de vigilancia en los coches, dejando absolutamente prisionero al conductor. En vistas a toda esta visualización panóptica, me doy cuenta que en realidad el último reducto contemporáneo liberado hoy de controles y pantallas puede ser la sencilla conducta cinética de un individuo en la ciudad (yo mismo).

Sin embargo, al final del día, mirado desde la altura del techo interior de mi casa ese mismo mapa extendido sobre la mesa del comedor, trato de calcular de qué forma mi persona también se ha *encerrado* en sí misma el caminar, ya que las figuras que he dejado inscritas en mi paseo (una vez trazado con lápiz en el callejero el itinerario recorrido) no deja de ser opresivo. Pues descubro en mi hogar que mis pasos en la ciudad —subrayados con tinta en el mapa— no solo han dado forma a sinuosas manzanas viales, sino también laberintos engañosos por discurrir muchas mañanas sin orden entre parques, plazas y avenidas. Lo cual implica en mi pensamiento que los diseños de estos enjambres, después de recorrida la jornada, también convierten en "encarcelados" a modestos urbanitas (como yo).

- 5 -

Complementación estética

Miércoles 23 de Febrero (18.21 P.M.)

Lo que más me gusta hoy de la gente cuando me cruzo con ella es precisamente lo que yo no hago: el brillante reflejo instantáneo de unos ojos que se detienen en el color de mi mochila, por parte de una chica; el cálculo que hacen respecto a la velocidad que llevo en mis pies, por un grupo de escolares; o la extraña competencia que creen que tengo con otros paseantes por acceder a una luminosa esquina dorada por el sol, según me observan unos ancianos jubilados.

Tanto los planos morfosicológicos del ambiente humano en el que me muevo en la ciudad, como las dimensiones geopsíquicas del tiempo solar existente en las calles, acompañan necesariamente todo mi feliz vagar liberador. Pues no puedo desprenderme de la real interpelación que causa la suma de rostros en mi caminar urbano, como tampoco puedo hacer caso omiso del poder del cielo, del aire o del clima a medida que mi personalidad recorre en libres espacios conocidas vías, abandona esquinas y evita contratiempos que limiten mis rutas. Sin embargo, dentro de este activo entusiasmo, recuerdo que no siempre es correcta la premisa de que todo andar es "liberador". Ramón del Castillo se pregunta y comenta hasta qué punto las caminatas son siempre naturalmente de provecho en vistas a emanciparse (de asuntos de la mente, del cuerpo o del espíritu) y abre una brecha interrogativa respecto al paseo:

> Caminar no solo inspira humildad y solidaridad, también puede infundir temor y enmudecimiento. El andar no siempre nos devuelve a los otros, también nos puede separar de ellos para siempre, y llevarnos hasta la Nada. Podemos salir al exterior para huir del vacío interior, pero ¿y si ese gran exterior se revela como un Vacío mucho mayor?
>
> El caminar también puede revelar una imagen oscura de la existencia, más angustiada y desorientada. ¿Es que nunca caminamos por ansiedad, por aburrimiento o por pánico? Los tratados sobre el caminar siempre ensalzan el caminar tranquilo, la marcha serena y equilibrada, pero ¿es que nunca caminamos de forma alterada y errática?[17].

Este autor agrega en su brillante estudio:

---

[17] DEL CASTILLO, Ramón. *Filósofos de paseo*. p. 14-15. El contrapunto de ello en: David Le Breton. (*El País*), 1 de Abril 2022: "Caminar reconcilia con el mundo, da sosiego", p. 48.

¿Por qué la gente asocia el paseo a solas con la serenidad y no con distintos tipos de trastorno? ¿Es que no se encuentran a paranoicos, desesperados y depresivos en parques y jardines? También hay ociosos que padecen de verborrea incontenible, y aburridos parsimoniosos, muy callados. También seres de mirada perdida que parecen esperar algo, pero que en realidad hace tiempo que dejaron de tener esperanza. Un grupo peculiar son los reservados, los discretos (no encuentro un nombre mejor para describirlos), porque no se sabe bien de dónde salen ni a dónde van, ni qué hacen exactamente de paseo[18].

Cuando anticipo de lejos —cruzando una acera— un singular rostro que me resultará atípico, disminuyo inmediatamente el compás de mi ritmo cinético con el fin de observar relieves concretos de esas facciones una vez en cercanía con esa cara. Pues muchas veces estoy seguro que encontraré detalles en ella que otorgarán claridad a lo que yo denomino "atípico".

Como casi siempre lo adivino, la sustancia de la ambivalencia de dicho adjetivo en este caso es definido por un destello oculto en los ojos percibido con diferente intensidad, según la distancia: en la lejanía aquél reflejo facial resulta sombrío; en la cercanía es verdaderamente cálido ese ocular

---

[18] DEL CASTILLO, Ramón. Ob. Cit, p. 168.

relumbre, lo que implica que toda la identidad de esa cara se modifica para bien, según es "congelada" en mi retina una vez producido el fugaz encuentro visual.

Sin embargo, para mí estas impresiones pictóricas varían algunas mañanas de paseo, pues tal como expresa Yi-Fu Tuan en su trabajo *Topofilia,* el entorno visual influye en el modo de hacerse cargo de la callejera realidad circundante ya que, según el paisaje, se manifiestan en uno percepciones de ánimo indiferentes, preocupantes o llenas de atención o desidia respecto al medio. También la investigación analítica titulada *Geopsique,* del autor Willy Hellpach, comenta cómo las cualidades de días cálidos o fríos, primavera o verano, viento o sol tienen influencias en el sujeto andante y sus pensamientos, así como en una completa comunidad humana. Un estudio de Colin Ellard avanza y desarrolla en muchos sentido la original noción de geopsique gracias a actuales trabajos de investigación revestidos de una denominada *psicogeografía.*

Por esto, con lo geopsíquico me ocurre algo singular: si un día paseo despreocupadamente con un tiempo y espacio de temperaturas altas, el cuerpo y mi temperamento exigen lentitud en los pasos y toda contemplación urbana o rural con ese clima resulta poco "penetrante" en mi analítica morfosicológica en virtud del calor, que determina mi ambigua profundidad ocular para observar o deducir sutilezas o subjetividades faciales en la calle.

En días fríos me "apaño" mejor para ver resultados o frutos estéticos y morales, según dimanan mis especulaciones frente a los seres que somos. La lluvia, nieve o hielo obligan a mi tendencia de ánimo a retener de forma más estable y fija aquellas ideas diseminadas en mi camino, tan distintas a las dilatadas vivencias e impresiones vitales durante el verano. El frío en el cuerpo invita a estar más concentrado en el proceso físico del andar —no sólo para evitar aguas matinales de la lluvia que salpica o por prevenir un barro peligroso causante de caídas— sino también porque ello provoca que pensamientos, y las propias contemplaciones personales durante la ruta, se "unifiquen" en un punto común de la cabeza, el más cálido que puedo tener debajo de mi gorro (sin posibilidad que se dispersen dichas ideas, como sucede cuando todo el cuerpo está afectado por el calor). Ellas desde mi cerebro operan y registran, sin las divergencias del estío, la fija claridad de las reacciones fisonómicas en la urbe, sean sensuales, apáticas o tensas.

También el propio Nietzsche se da cuenta de la modificación de caracteres, reflexiones o entendimiento especulativo que produce un clima u otro, según recuerdo mi asistencia a un seminario universitario en Santander, donde dicho filósofo en sus textos expresa que:

> La influencia del clima sobre el *metabolismo*, sobre su retardación o su aceleración, llega tan lejos que un desacierto en la elección del lugar y del clima no sólo puede alejar a cualquiera de su tarea, sino llegar incluso a sustraérsela del todo: no consigue verla jamás.......

Examinemos en qué lugares hay y ha habido hombres ricos de espíritu, donde el ingenio, el refinamiento, la maldad formaban parte de la felicidad, donde el genio tuvo su hogar de manera casi necesaria: todos ellos poseen un aire magníficamente seco. París, la Provenza, Florencia, Jerusalén, Atenas —estos nombres demuestran una cosa: el genio está *condicionado* por el aire seco, por el cielo puro,— es decir, por un metabolismo rápido, por la posibilidad de recobrar una y otra vez cantidades grandes, incluso gigantescas, de fuerza...

En un pequeño viaje, de Turín a Milán por ejemplo, calculo fisiológicamente en mí la variación de grados en la humedad del aire, pienso con terror en el hecho *siniestro* de que mi vida, exceptuando estos diez últimos años, no ha transcurrido más que en lugares falsos y realmente *prohibidos* para mí. Naumburgo, Schulpforta, Turingia en general, Leipzig, Basilea —otros tantos lugares nefastos para mi fisiología[19].

Pero, en general, hoy en invierno el ritmo de mis pasos se acompasan en armonía con esas figuraciones faciales que sospecho proyectadas en otros, aunque en realidad todo el espacio atmosférico de este asunto mental se modifica cuando establezco semejanzas entre cuestiones inertes distintas:

---

[19] NIETZSCHE, Friedrich. Ob. Cit. pp. 52-53. (Cursivas en el original)

al ver destellos de *baldosas* con reflejos de *paredes,* vividos en paseos previos en ciudades diferentes, por ejemplo.

Ambas propiedades *matéricas* (en el decir del pintor A. Tàpies) causan un especial desplazamiento imaginativo en mí pues —aunque respecto a esta material combinación que pienso, rinde mucho más el natural juego botánico de flores, plantas y arbustos— también las planas y frías superficies de cemento y piedras ilustran en mi mente reales ejercicios de concordancias, creación y belleza: recuerdo que extensos paseos por amuralladas sitios de color bronce en La Valeta (Malta), sin observar pétalos o macetas de flores durante largo rato, causaban la misma intensidad cromática —en mi imaginación— que el escenario ocre de esculturas atravesando Battersea Park (Londres). Es decir, con suma facilidad, en el despreocupado caminar, se producen transferencias caprichosas de orden mental entre vivencias y paisajes (pasados o actuales) y uno se siente atónito por el intercambio e integración de ellas cuando se despierta una mínima referencia común que facilita complementarlos. En el caso de La Valeta y Londres fue la observación de color bronce de dichas estatuas lo que acarreó mi imaginación a contemplar un básico escenario unificado gracias a aquellas disímiles ciudades.

Si la visión que tengo al entrar a una calle desconocida de Madrid (es decir, el ojo) me acerca al tono espiritual (es decir, el alma) que viví por primera vez caminando en torno a El Escorial, recupero inmediatamente al Monasterio en esa insólita calle de la Gran Vía y el templo se introduce en el laberinto imaginativo de mi paseante conciencia aunque *yo no esté ahí*. La mole de piedras sacramentales que me figuro, o simbolizo, tiene consecuencias en los físicos y reales pasos que produzco en el presente y siento que mi callejeo madrileño se hace más denso al haber traído a mi "presencia" la centenaria estructura del monumento dedicado a San Lorenzo.

Con este ejercicio pensante que relato, como ejemplo, puede parecer a un lector que se están conservando simultáneamente dos fenómenos en la cabeza, pero en realidad uno supone existente o real esta cualidad bifronte cuando ello en definitiva se debe a momentos vitales *báquicos* o *dionisíacos* (como diría Nietzsche) especialmente excitantes al andar, sintiendo "aquí y ahora" determinadas regresiones personales psíquicas (conservadas en el camino) que te hacen pensar que ellas dualmente también están vivas.

Sin embargo, esta forma de conocimiento que me proporcionan estas experiencias que narro, se incrementa de diferente modo, de acuerdo a las propiedades emergentes del natural contexto humano que padece mi persona en tránsito: en el campo, cruzando vías agropecuarias, me siento interpelado por una realidad coral que es simple fruto de impulsos exógenos producidos por la luz y la materia del día y de todo lo que ello conlleva (aliento de la brisa, timbres acústicos, cualidades cromáticas, naturaleza doméstica de los animales). Es decir, es un fenómeno que me *llega* completamente revelado al órgano del ojo, cuya identidad paisajística no requiere ni necesita por mi parte búsquedas de sentido, coherencias o certidumbres respecto a ello; lo que miro está empíricamente dado como total y definitivo. Lo real "accede" o se impone *brutalmente* en mí con el destello típico de un acontecimiento que es único y genial.

En vías urbanas, pobladas de muchedumbre y construcciones me veo, sin embargo, recurriendo de forma automática a juicios y criterios de específicas fuentes éticas, morales, pictóricas, sentimentales, residentes endógenamente en mí desde hace mucho las cuales, gracias a ellos, dan cuerpo interpretativo y ordenan a la dinámica ciudadana que se me ofrece: instalo, por ejemplo, con mis singulares argumentos arquitectónicos, en un correcto orden el abigarrado espacio multicultural de calles de Madrid, o modifico con valoraciones estéticas los diseños mudéjares de barrios de Granada o Sevilla. Aquí es donde mi espíritu juega un increíble papel dialéctico para amalgamar sin tensiones todos los contrapuntos que respira mi persona en mis largos caminos: entre lo que inevitablemente me viene dado de forma espontánea por el medio y el entorno y lo que yo ordenadamente busco representar en el mundo de acuerdo a mis imperativos propósitos intelectuales.

Por otra parte, el aparente espacio vacío que producen específicas perspectivas en la ciudad, en realidad son posible describirlas llenas de vida, según piensa Strindberg cuando declara que en sus andanzas por un distrito de Estocolmo observa:

calles sin encanto y calles con encanto, aunque nuevas. El tramo mas reciente de Riddargatan está lleno de romanticismo, por no decir de misticismo. Por él no pasa nadie. No hay tiendas que abran sus muros. Es elegante, distinguido, desierto, por más que los grandes edificios encierren dentro de sí tantos destinos humanos[20].

Otro aspecto que se hace notar en mi conciencia, a medida que llevo a cabo el caminar, es el que trata de la cualidad de las impresiones, valores y sentimientos de acuerdo con la emergencia de distintos horarios del día. Con el largo repertorio ocular y vivencial de espacios urbanos y rurales existente en mi persona desde hace mucho, a propósito de los extensos paseos en campos, ciudades y playas, he notado que en las horas de la *mañana* siempre me veo interpelado por el carácter de la movilidad y tipologías de los individuos en las rutas comunes (direcciones que toman, agilidad o lentitud de los cuerpos, postura anatómica en el deambular), lo cual implica entrar en sus vidas internas. Pero esto, a la vez, me remite que yo sospeche qué observan de mí una vez despertada también mi visibilidad ante dichos sujetos.

Esta interacción resulta interesante y compleja en el examen global que se produce en mi mente a medida que camino. Pues implica estar simultáneamente preocupado del perfil exacto que me transmite el transeúnte (estatura, edad,

---

[20] STRINDBERG, August. Ob. Cit. p. 156.

peso), así como tratando de adivinar qué sentido me proporciona la vida interior de las figuras que me interpelan. Toda temporalidad *matinal*, entonces, parece invitarme a discurrir en procesos muy subjetivos respecto a evidentes alteridades gracias a una dinámica mental de una psicología que me produce el entorno humano.

Después del *mediodía*, al atardecer —quizás por estar ya rutinizados en mi cabeza los internos procesos introspectivos de la mañana, aunque apoyados fuertemente en lo visual— mi conciencia en la vía pública navega por corrientes distintas. Me he dado cuenta que bajo estos horarios existe en mi mente una fijación clara y constante en *objetos* (en lugar de personas y sus identidades).

En la *noche* cerrada, ya todo en mí consiste en recordar figuraciones de los eventos sucedidos del día: niños llorando antes de casa, gente ansiosa en librerías, entusiasmo popular por el fin de semana. Pero no sólo he sido contemplativo en este proceso escópico del día; también he creído durante la jornada tener la función de una especie de *demiurgo* que intenta coordinar esta intensa constelación humana que padece la ciudad, que en realidad es otra ficción esotérica similar al previo empleo que he hecho de ello respecto a eón y pléroma en el pasado once de Febrero.

- 6 -

Camino y memoria

Domingo 13 de Marzo (19.27 P.M.)

El proceso respiratorio también resulta interesante de destacar a propósito del paseo pues, en mi caso, junto al aire que inspiro y expiro me figuro en fantasías que penetran y salen en filas de mi cabeza recuerdos biográficos que se acompasan al ritmo de mis pulmones, tanto si esos pensamientos son dolorosos o alegres. De entrada, no me sorprendo que algo de naturaleza intangible y psíquica (el pasado) se conjugue en particular ambivalencias con el oxígeno y el aire (pura realidad química), pero sí veo singular y compleja la ocurrencia que sea mi mecánica corporal (y no mis criterios mentales) la que pretenda "luchar" contra esa remota memoria, si esta es dolorosa: injusticias cometidas o amores frustrados. Pues considero —iluso yo— que este *combate* puede ser acallado por algo funcional, dinámico o práctico, como si caminando con más prontitud o energía mi persona de algún modo redime recuerdos nefastos.

Con tal fin doy zancadas en mi discurrir de *flâneur*, a medida que busco convencerme que ese recuerdo (de orden onírico e intangible, como es lógico) tiene que hacerse minúsculo o desaparecer si ando rápido y veloz cruzando avenidas, tropezando por esto con alguien, o sobrepasando vías y rutas propias de bicicletas o perros. Pienso, como idiota, todo hay que decirlo, que proceder con operaciones de carácter práctico, cuyas propiedades son materiales, físicas y corporales, podré sublimar con rapidez (o de inmediato) imágenes penosas contenidas de pasado y recuerdos, mucho más complicado de resolver todo ello cuando tengo en vistas el parágrafo de Wittgenstein respecto al asunto: "Pero si la memoria nos muestra el pasado ¿cómo nos muestra qué es el pasado?" expresa el sabio austriaco en *Zettel*.

Por el contrario, los recuerdos alegres parecen sedarme en mi deambular buscando con ello meandros imaginativos para recuperar del todo felicidad, risas, erotismo o gozos, y por eso en ese estado mis pasos son lentos pues con ellos la memoria se dilata de buenos sentimientos. En cierto modo, se estructura el axioma formulado por Milan Kundera, recuperado por Erling Kagge:

Hay un vínculo secreto entre la lentitud y la memoria, entre la velocidad y el olvido... El grado de lentitud es directamente proporcional a la intensidad de la memoria; el grado de velocidad es directamente proporcional a la intensidad del olvido ... Si camino deprisa, tengo la sensación de que dejo atrás algunos sentimientos y, si reduzco el ritmo, pueden regresar[21].

Sin embargo, existen advertencias respecto al ejercicio de la prontitud de los pies en nuestras diversas rutas, pues esta mecánica puede efectivamente facilitar olvidar el pasado, pero ello lleva el precio de arruinar la correcta percepción armónica con el medio:

> En los paseos hay que evitar principalmente un movimiento demasiado rápido del cuerpo. Por muy sabido que esto sea, tanto más frecuentemente se transgrede esta norma... Pero a la vez se pierden también les impresiones de la naturaleza...Tan pronto como una sensación desagradable se apodera del paseante, que se ha olvidado de sí mismo y de las cosas mientras aceleraba el paso, puede estar seguro de estar cometiendo el error de pasear demasiado rápido[22].

El carácter sedante que, efectivamente, me provoca el paseo se "tropieza", por desgracia, con fenómenos públicos que a veces invaden la calle, modificando el ritmo y la naturaleza de mis pensamientos, constituidos previamente desde la salida de casa. Dichas alteraciones pueden estar reflejadas,

---

[21] KAGGE, Erling. Ob. Cit. pp. 41-44.
[22] GOTTLOB SCHELLE, Karl. Ob. Cit. p. 119.

por ejemplo, en disparatadas acciones publicitarias de vendedores en mi ruta propuesta, en cambios imprevistos de calles por reformas y mantenimientos del cemento o ajardinamientos urbanos, o en accidentes de ciudadanos cuyas discusiones, gestos y comportamientos cubren gran parte de la acera donde camino. Mientras en alguna ocasión estos sujetos disputan, no hay control de sus movimientos respecto al espacio físico que ocupan en la calle, pues al parecer consideran que —como la vía es "pública"— les pertenece sin límites y medidas.

En este ámbito espacial descontrolado de discusión se hace notar el imperio de los gritos en el conflicto que, para mí, no quedan como algo propiamente acústico sino más bien estos ruidos son transformados en verdadera *maleza*, según mi imaginación plástica. Aunque esas intensas voces las escucho cruzando un barrio "brutalista" de Alicante es decir, contenidos de industriales estructuras de acero, hormigón y cristal, esos gritos siempre están revestidos en mi simbólica de *pasto* agresivo y feo. Sin embargo, me ocurrió con sorpresa recordar que el diseño "brutal" del centro cultural *Barbican* (Londres) posee efectivamente en su interior un recinto botánico, quizás con fines artísticos para observar qué pasa en el caminante cuando se conjugan plantas y cemento. Quién lo sabrá.

Pero no todo es "maleza" a medida que transcurren conflictos entre ciudadanos; también en la calle mi sensibilidad registra atractivos fenómenos del ambiente cuyos efectos al instante mutan mi ser pues siento, gracias a ellos, un completo sentido armonioso al paseo, como el que viví cruzando una esquina de un barrio de París con el fin de acceder a una bruñida vía adoquinada. Al caminar ahí, cerca de un hombre, escuché que simplemente *silbaba* y adiviné de tal modo su feliz despreocupación por ello que fue claro el complemento de valores entre inocencia y paz que proyecté en dicho sujeto.

Además, captado ese rítmico y sencillo silbido, me condujo a una dulce y profunda regresión cuyo camino neuronal consistió en depositar en mi mente ideas brillantes de muy lejanas melodías. Todo lo contrario, según recuerdo, a los perturbadores efectos en la subsconsciencia de Ernesto Sábato, causados en su famoso libro, respecto a ciegos y sectas en Buenos Aires por una campanilla cuyo timbre musical en el oído induce al protagonista al horror.

Pero lo notable era escuchar a una persona en París silbando, con ambiguo compás y tono muy bajo, cuyo ejercicio labial y vocal en realidad siempre está disponible en nuestra boca y garganta, sin embargo muy escasamente oído (con sorpresa y belleza) en medio de una urbe con muy diferentes afanes callejeros. Era un silbido hermoso que serpenteaba como un pájaro quetzal a través de físicos materiales visuales, y que al fin ese sonido parecía esconderse en el interior de una cercana fuente de agua, donde dominaban murmullos de niños.

- 7 -

Fisonomías humanas, climas y acústica

Sábado 26 de Marzo (10.32 A.M.)

Los distintos estados de ánimo que sufro en mi espíritu cuando me lanzo a una caminata pueden ser registrados por los niveles de *concentración* que presto al medio ambiente que me acompaña (o atravieso). Es decir, regulo mi corazón en amargura, liberación, tristeza o simpatía, de acuerdo al paisaje "decorativo" que vivo. En este sentido, tiene razón el texto *Topofilia* cuando declara, respecto a las realidades visuales, los importantes efectos anímicos en el sujeto, según las variables humanas, sociales o panorámicas impactadas en él.

Un caso típico en relación a este asunto se manifiesta en las consideraciones ópticas del activo caminante August Strindberg cuando en su soledad relata que —una vez vacío su barrio en Estocolmo en la temporada de vacaciones, celebrada por sus acomodados vecinos— sus deseos por salir a andar están truncados:

pues ahora las calles y parques están habitados por personas desdichadas, que no pueden viajar al campo. Ahora que los mejor situados han evacuado los lugares más distinguidos de la ciudad, la población pobre de los suburbios se presenta y toma posesión de las vacantes. Esto confiere a la ciudad una apariencia de rebelión o invasión, y como la belleza va aparejada a la riqueza, el espectáculo no es hermoso[23].

Sin embargo, no pudo resistir del todo su encierro y:

Una tarde de sábado, sintiéndome yo mismo en pie de igualdad con los más desfavorecidos, decidí estirar un poco las piernas y dar un paseo, para ver a la gente[24].

Además resulta interesante para mí (en este contexto) la observación de Karl Gottlob Schelle, mencionada previamente en Febrero, relativa a la complicación imaginativa de reconocer en la Naturaleza contenidos de caracteres estéticos ridículos, cómicos o absurdos pues, por el contrario, he contemplado que en realidad es pertinente hablar de *belleza*, *profundidad* o *calma* en cuanto virtudes o propiedades de la Madre Natura. Siempre lo he afirmado en voz baja cuando soy interpelado por los desiertos de Jordania y Lanzarote, por

---

[23] STRINDBERG, August. Ob. Cit. pp. 111-112.
[24] Ob. Cit. p. 112.

el campo libre del Pais Vasco o también por una agreste montaña de los Pirineos. A veces, incluso, ante un aparente paisaje "hueco" de la Naturaleza, ese espacio indefinido termina para mí por colmarse de reales sentidos visuales. Pero, como he dejado dicho, también es posible hablar de *compasión* por ella.

Sin embargo, puede ocurrir que esa deseada concentración mental mencionada al comienzo del día —con el fin de observar qué clase de "standard" tengo en mi espíritu en el camino— se revele completamente *vacía* respecto a escenarios públicos, pues a veces mi cerebro se ve entregado en la calle a recuperar ciegamente escenas de ensueño que me han proporcionado casas, lugares y sitios de caminatas previas; o sea, sufro empeños por repetir rutas con el fin de experimentar esas extraordinarias sensaciones de felicidad causadas por acaecidos encuentros (o hallazgos) imprevisibles con ámbitos visuales cálidos, acordes con determinados equilibrios en mi alma y personalidad. Y esta engañosa preocupación, por alcanzar y tocar de nuevo ese acaecido *paraíso*, sin duda que en muchísimos paseos ha terminado por hacerme descuidar inéditas y desconocidas perspectivas acogedoras, que estaban novedosamente dispuestas siempre a mi vista.

El proceso fisionómico que vivo frente a la gente mientras ando en la ciudad también me resulta interesante, sobre todo cuando repertorios de rostros se conservan en mi memoria a medida que camino al dejarlos atrás. Bastan apenas unos segundos centrada la vista en una cara singular que llama mi atención para despertar la dinámica operativa que tengo relativa a la morfopsicología. Pues el conjunto de caras que escruto —una vez visualizadas— comienza a ser discriminado en mi paseo de acuerdo a la formación de cejas que veo, a la estructura de los labios, o a la silueta integral del rostro o semblantes que pueden ser, según los convencionales arquetipos, de dimensiones *dilatadas* o *retraídas* y esto me proyecta una moral en cada uno de ellos.

Creo que ello me ilumina para considerar caprichosamente a sujetos tímidos, agresivos, pacíficos o contemplativos, asociales o felices, según facciones personales. Por supuesto, nunca llego a lo ridículo o absurdo de Cesare Lombroso, que pretendía clasificar rostros según estructura y proporción del cráneo. Pero algunos clásicos patrones faciales aparecen en mi discurrir callejero, al repetirse muy familiarmente estereotipos de pómulos, relieves de narices y ángulos de mentones. Se me hace presente ahí todo el universo de la cosmética, es decir, "el modo profundamente filosófico de interrogación acerca de la correlación entre ética, estética y apariencia física", según declara Angel Alvarez Solís.

Recordemos, en este sentido, que la primitiva analítica fisonómica formulada por el clásico *Pseudo-Aristóteles* establece comparaciones morfopsicológicas entre aspectos y partes de nuestra anatomía con rasgos específicos del universo zoológico y de aquí se derivan curiosas consideraciones ético-morales:

Un rostro carnoso es señal de indolencia,
como la que muestran los bueyes. Uno enjuto
lo es de atención. Los rostros carnosos son pro-

pios de cobardes, como los asnos y los ciervos. Rostros pequeños son propios de ánimos igualmente parvos, como pasa con los gatos y los monos; caras grandes, en cambio, revelan pereza, como pasa con los asnos y los bueyes. Dado que es necesario que no sea pequeño ni grande, una constitución de tamaño intermedio sería lo conveniente. Quienes tienen rostros diminutos son mezquinos, como corresponde al conjunto de su aspecto.

Una frente pequeña es signo de ignorancia, como es el caso de los cerdos, pero los que la tienen muy grande son lentos: es el caso de los bueyes. Una frente redondeada es propia de seres poco sensitivos, así sucede con los asnos. Una plana y grande lo es de seres sensitivos, como los perros. Los que la tienen cuadrada y simétrica son magnánimos, por ejemplo los leones. Una frente sombría es señal de orgullo: es el caso del toro y del león[25].

Pero también este destacado texto precristiano desarrolla observaciones de naturaleza cinética y, de este modo, examina el significado público (que puede hacer sonreír) de determinadas y específicas posturas del cuerpo al andar:

---

[25] PSEUDO-ARISTÓTELES. *Fisiognómica* (Traducción de Jorge Cano). Mármara Ediciones. 2019, p. 62

Quien da zancadas largas, pero camina despacio, será lento a la hora de ejecutar su propósito, porque dar largas zancadas es señal de determinación, pero la lentitud es propia del que tiene tendencia a retrasarse. Una zancada corta y un caminar lento son propios de quien es torpe y no logra realizar sus planes, porque caminar a pasos cortos y lentos no es señal de determinación. En cambio una zancada larga y un andar presto son muestra de decisión y eficacia, porque la rapidez es signo de cumplimiento y la zancada larga de determinación. Una zancada corta y de pasos rápidos indica decisión, pero no eficacia.

Cabe aplicar las mismas conclusiones a los movimientos dela mano, el antebrazo y el brazo. Los que se mueven con un contoneo mientras mantienen los hombros rectos y extendidos son vanidosos y jactanciosos, como pasa con los caballos. Los que andan con un contoneo y con la cabeza agachada hacia abajo son nobles de ánimo, como, por ejemplo, los leones. Quienes caminan con los pies y las piernas hacia fuera son femeninos, como sucede con las mujeres[26].

Acaecidas estas curiosas observaciones aristotélicas sobre el paseo y sus figuraciones anatómicas, cabe decir de acuerdo

---

[26] PSEUDO-ARISTÓTELES. Ob. cit., p. 67.

a los contemporáneos criterios de Matthew Beaumont que, en el desarrollo de la evolución humana y:

> en las condiciones de la sociedad capitalista, caminar adquirió una especie de economía política. La forma en que uno caminaba, así como cuándo y dónde caminaba, adquirió significados socialmente significativos. Los andares de la gente se hicieron distinguibles en términos de su posición dentro de la división del trabajo. El paso apresurado o brioso, por ofrecer un rápido contraste, marcaba la subordinación al sistema industrial. Deambular o vagar representaba un intento, consciente o inconsciente, de escapar de sus hábitos laborales y de su disciplina temporal[27].

A la luz de todas mis caminatas, y de estas previas consideraciones informativas, recupero con interés juicios relativos a procesos geopsíquicos, observando de qué forma esta dinámica influye en mí si un día es lluvioso, brumoso o luminoso; también busco el papel que juegan mis interpretaciones de caras paseantes cuando las dimensiones morfopsicológicas se revelan muy activas en mi pensamiento a lo largo del quehacer callejero. A veces soy un ser andante preocupado por averiguar en qué consisten tales rasgos y en qué se

---

[27] BEAUMONT, Matthew. *El caminante. Encontrarse y perderse en la ciudad moderna*. (Traducción de Ana Pérez Galván). Alianza Editorial. Madrid. 2021, p. 86.

convierten moralmente reflejos, reacciones o composiciones faciales. Gracias a ello, me atrevo a discurrir en sus formas de pensar: si observo a transeúntes con acelerados pasos por cruzar la calle ignorando coches y semáforos, los imagino preocupados por citas médicas; si otros fuman arrinconados fuera de un restaurante, seguro que razonan respecto a falta de trabajo; si chicos y chicas observan propaganda callejera en relación con un nuevo estilo de peluquería, ellos piensan en reflejarse en modelos.

Cuando se presentan tales imágenes de forma instantánea en mis largas deambulaciones urbanas, yo juego con ello. En *Confesiones de una máscara,* del autor japonés Yukio Mishima, recuerdo que también se puede advertir que la atracción suya en el libro por su primer amante (Omi) es revelada debido a un singular proceso morfopsicológico que (inicialmente) resulta decisivo en su vida narrativa para conformar un arquetipo de *eros* y *filia.*

Todo este paisaje humanamente facial que me ofrece la ciudad lo examino —como es natural— teniendo en cuenta los sentidos del oído y de la vista, que son los realmente operativos en el activo andar diario de uno. Yi-Fu Tuan habla de sentidos *próximos* y *distantes,* y los primeros son prácticamente decisivos y pertinentes en rutas callejeras, pues los otros como son: el gusto, el olfato y el tacto siempre quedan para mí manifestados claramente en espacios privados. A propósito de estos contenidos, resulta pertinente recordar que, a raíz de caminatas de Wittgenstein con Oets K. Bouwsma en la Universidad de Cornell (1949), surgen interesantes observaciones respecto a nuestros cinco sentidos humanos. Dicho interlocutor queda impactado por el pensador del *Tractatus* cuando hace notar diferencias entre *sentidos y emociones*, considerando que los primeros se pueden efectivamente medir cronológicamente, pero las emociones no. (Escucho un sonido y cinco minutos después acaba; se inicia en mí una pena, pero no puedo indicar en qué momento concluye).

Junto a esos notables factores ambientales, advierto en mi camino con natural claridad la permanente percepción en mis ojos de planos y volúmenes rectos que me ofrece la calle. En lugar de asimetrías o de dimensiones y superficies híbridas o difusas, la vista en la mente admite con más facilidad el registro de ámbitos y ángulos horizontales o verticales del paisaje (edificios, ventanas, vitrinas) en lo cual ha razonado con lógica sensibilidad respecto al porqué y al cómo de ello el texto *Topofilia*.

Sin embargo, Colin Ellard en sus estudios considera que es la *sinuosidad* de los volúmenes en edificios (como los de la fallecida arquitecta Zaha Hadid) la que en general impacta en términos positivos en la sensibilidad humana cuando el ojo registra tales dimensiones plásticas. Piensa este autor en el típico ejemplo óptico y en el entorno local de bienestar que producen las ondas y curvas estructurales del Museo Guggenheim de Bilbao, del arquitecto Frank Gehry, lo cual mi tono vital no puede dejar de confirmar que ese módulo causa efectivamente algo así, una vez revelado aquél maravilloso temple en mi espíritu, según mis pasos recorridos por el Museo. Pero también arte y pintura minimalista o abstracta son sedantes y relajan de un modo muy particular mi temperamento una vez interpelado por espectros de tales propiedades decorativas.

La hermosa visión que se produjo en mi ser una tarde en dicho lugar vasco, a raíz de curvas (medioambientales) y abstracción (artística), ha sido inolvidable: el complemento de estas dos mediaciones figurativas en mi espíritu lo sentí profundamente realizado como algo vivo en 2004, cuando dentro del ondulante Guggenheim se llevó a cabo la abstracta exposición de Mark Rothko cuya intocable simplicidad cromática recuerdo que hizo reposar mi conciencia en una densa libertad. Era tan obvio y claro el contexto de esa belleza que resultaban innecesarios raciocinios o pensamientos que aclararan el porqué de la consistencia estética en ese integral ámbito arquitectónico. Mis sentimientos de alegría se justificaban por sí mismos, naturalmente "entregados" a lo que veía y sentía como lo más indesmentible, verdadero y lógico del mundo. Me parecía que estaba a punto de asomarme a una especie de consagración creyente con esa experiencia: me hice eco del espíritu místico de Rothko y lo conecté con la difusa religiosidad de Ludwig Wittgenstein, pues casi quería expresar de modo extrasensorial a otros en la galería (ante la contemplación conceptual de lo bello) este póstumo aforismo del austriaco de 1947, inscrito en *Cultura y Valor*, formulado como: "Quiera Dios conceder iluminación al filósofo en aquello que está ante los ojos de todos". Algo muy opuesto a la modificación de mi carácter cuando visualmente diviso en personales rutas europeas diversos inmuebles de características góticas o barrocas. De forma habitual, las interiorizo de un modo temperamental voluble cuya oscilación, en mi corazón, recae figurativamente entre un mundo hostil y un universo tenso (aunque esta composición sensitiva por dichos edificios no puedo confesarla ni resuena en mi conciencia en definitiva como *feísta*).

Con todo, vale la pena señalar, por lo demás que, si bien el oído juega un determinado papel en mis largos y extensos paseos —aunque en lugar de una deseada armonía acústica, sólo existen ruidos típicos de la calle— es verdad, sin embargo, la presencia arraigada en el alma desde siempre de melodías, tonos, compases y musicalidad a medida que avanzo en personales rutas. Toda esta cuestión polifónica se recupera por recuerdos, emociones o circunstancias vitales e influyen de forma subjetiva en mis tímpanos "ordenando" colores y formas diversas cuya existencia reposa en las dimensiones espaciales sucedidas en diferentes instantes: avenidas luminosas, rotondas semi-circulares y vados reformados.

En esta combinación que siento, entre espacios ópticos y privados ritmos auditivos de la ciudad, no hay equilibrios o armonías a propósito de hipotéticas retenciones en mi memoria de marchas militares —que causan fáciles compases castrenses secos y duros—. Mas bien ese complemento se produce cuando descubro, en el aparente silencio de mi mente, el perfecto encaje de sonidos —emergentes de la música de mi interior— con hermosos planos visuales revelados en la calle, en absoluto congruentes con artillería, regimientos o uniformes. Toda esta composición musical en realidad producida por un andar siempre acallado, aunque cuando esos ritmos se hacen persistentes en mi cabeza casi los quiero expresar tarareando. Se manifiestan de forma rapsódica de una calle a otra, de un transeúnte a otro, de un parque a otro, en la probabilidad imaginativa mía que Nietzsche también llevara consigo en su paseo ritmos orquestales y corales de su amigo Wagner; Wittgenstein, en sus viajes en tren a Viena, oberturas de Brahms interpretadas en ocasiones frente a él y familia; y Baudelaire como *flâneur* en París compases en su cabeza de Liszt o Chopin.

El disfrute que me causan caminatas, una vez complementados oído y visión, también es acompañado de imágenes campestres referidas al camino, una de cuyas escenas siempre es evocada gracias al poeta Jorge Teillier. Incluso la extraordinaria aventura de recorrer ciudades y campos, dice este vate, se puede interrumpir (como reposo) por la felicidad lírica que declara al ver:

> La luz de una casa hallada tras la colina
> cuando ya creíamos que no quedaba sino andar
> y andar[28].

Pero el repertorio de músicas calladas que permanece en mi pecho a medida que camino florece con diferentes tonos a raíz de los paisajes que atravieso. En largas calles revestidas de angulosos ventanales, la sonoridad de las melodías de mi corazón parece desplazarse por dichos cristales como una ola

---

[28] TEILLIER, Jorge. *Bajo el cielo nacido tras la lluvia*, en: *Nostalgia de la Tierra*. Editorial Cátedra. Madrid. 2013, p. 205.

que replica ante un sólido muelle de bronce; todo lo contrario a la cálida disipación de mi música interna en el movimiento de lentos follajes al cruzar un recinto arbolado. Las notas y el pentagrama que llevo conmigo se "internan" en el verde entorno estético visual, y tal complemento sinestésico parece otorgar mayor sustancia a la realidad tangible de la calle que recorro.

Con todo, esta extraordinaria cualidad bifronte establecida en secreto entre música y entorno muchas veces conserva una integral unidad (en cuanto a estructurar la realidad, según digo) de acuerdo a las propiedades de la melodía que emite mi memoria al caminar: si recupero oscuros compases de Leonard Cohen al mismo tiempo que cruzo en Atenas una saturada vía de coches, esta perspectiva óptica urbana revela de forma natural la crisis que se canta en *The future* (1992); y si atravieso un jardín en Bruselas disimuladamente estético, el ritmo de mi conciencia musical me lleva a figurarme que ese espacio está repleto de acústica propia del "Dúo de las Flores" de la ópera *Lakmé*.

Sin embargo, cuando aflora de mi pecho el escaparate polifónico de recitales *Qawwali* interpretados por Nusrat Fateh Ali Khan, toda la vía urbana me parece articulada con sentido en su estructura arquitectónica y en sus superficies de diseño, es decir, las propias voces del bello conjunto musical —retenidas en mi mente— se "acoplan" con coherencia en cada uno de los elementos visuales que encuentro. Sin dudas, este mismo entorno vial, si es contemplado sin esa profunda música, estará roto de armonía. Pues yo al operar sólo con el sentido de la vista resaltan en mi camino una serie de detalles caóticos y antiestéticos, desde deterioradas papeleras hasta desvencijados portales, que —por el contrario— gracias a los rítmicos sentimientos del *Qawwali* mi óptica es preciosamente modificada (a raíz del bienestar que vivo por la mezcla de sonido / recuerdos) con lo cual mi ruta se convierte en una especie de paseo por un dorado templo del Indostán.

- 8 -

Pensamientos en ruta

Viernes 6 de Mayo (07.15 A.M.)

He encontrado una nueva vía Norte de acceso a un espacio rural cercano a la ciudad. Me despierta ilusión tomar esta desconocida ruta en mi paseo pues todo lo nuevo que encuentre en ella (tonalidad visual de la floresta, cualidad del aire y de la brisa, sentido del aura del paisaje, propiedades de las superficies terrosas), puede integrarse en mi largo repertorio de mapas de ciudades que llevo conmigo hace mucho: travesías de avenidas, recorridos por boulevares, paseos y encuentros contemplativos de parques, etc. Pero sobre todo me ilusiona comprobar, con el descubrimiento de esta vía, hasta qué punto el ritmo de mis piernas mantendrán coherencia con la claridad de mente que pretendo poner en marcha al inicio de esta senda. Pero no sólo limpieza de ideas es lo que deseo; también prolongación conceptual estable de ellas a medida que camino. En lugar de "saltar" sin ton ni son de unas ideas a otras, como me ocurre habitualmente al pasear, deseo ver en esta inédita ruta cómo se mantienen en concordancia pensamientos con ritmo paseante. Sueño con ver estabilidad de conceptos en este nuevo tránsito (y no descomponerlos), es decir, demostrar la existencia de razonamientos prolongadamente sostenidos gracias al complemento directo entre mente y cinética a propósito de mi cuerpo. En este sentido, cabe hablar aquí del ideal de los filósofos peripatéticos que, al parecer en la Antigua Grecia, van dando perfecta forma y sustancia a sus pensamientos a medida que caminan. Es decir, produciendo un contenido uniforme de ideas y consolidando en sus paseos cuestiones propias de ética y moral aristotélicas, y no distrayéndose en "picotear" saberes impropios o ajenos a un específico tema. (Como lo harían en su caso los típicos *diletantes* del siglo XVIII, entusiastas por ilustrarse de cualquier modo, o con las extensas formulaciones que se presentan fragmentadas en el notable pensamiento de W. Benjamin, proyectadas en su *Libro de los Pasajes*).

Un caso clásico y típico que expresa perfectamente cómo un sujeto se abandona a la emergencia de sus inmediatas reflexiones, a medida que coexisten con su camino, ignorando inconveniente por tal tarea, se refleja en *Las ensoñaciones del paseante solitario* de J.J. Rousseau. Es una postura contraria al control espiritual y al autoobligado ejercicio intelectual por una específica tendencia pensante, sobre todo cuando el autor quiere examinar los instantáneos movimientos de su alma gracias a naturales introspecciones:

no he visto manera más simple y más segura
de ejecutar esta empresa que llevar un registro

fiel de mis paseos solitarios y de las ensoñaciones que los llenan cuando dejo mi cabeza ente-
ramente libre y a mis ideas seguir su inclinación
sin resistencia ni traba[29].

La disposición personal que tiene Rousseau en su vida
interna para proceder en vistas a tal toma de conciencia, la
aclara en sus *Diarios* a raíz de la libertad y la dispersión de
ideas (o inestabilidades) advertidas a continuación en su valioso texto:

Nunca hago nada salvo durante el paseo, el
campo es mi gabinete; la visión de una mesa,
del papel y de los libros me produce hastío, el
aparato del trabajo me desalienta, si me siento
a escribir no encuentro nada y la necesidad de
tener inspiración me la quita. Voy echando mis
pensamientos esparcidos y sin continuidad sobre trozos de papel[30].

Con mis actuales intenciones andarinas, trataré de confirmar si los movimientos de mis piernas, recorriendo el
encuentro de esta nueva vía, causan el ritmo y el compás
adecuado con el despertar de mi conciencia interesada en
razonar de forma "loca" pero *estable* determinados asuntos
teóricos, tales como, por ejemplo, porqué la disociación de

---

[29] ROUSSEAU, Jean-J. *Las ensoñaciones del paseante solitario.* (Introducción,
traducción y notas de Mauro Armiño). Alianza Editorial. Madrid, 2016, p. 58.
[30] ROUSSEAU, Jean-J. Ob. cit, p. 226.

filosofía y teología es poco perceptible en sociedades académicas islámicas; o bien porqué la secularización contemporánea no puede dejar atrás las concepciones de "lo sagrado" existente desde siempre en la cultura humana. Pienso que si ambas consideraciones intelectuales, tomadas de mi enciclopedia al azar hoy en la mañana, se prolongan y se mantienen con sentido razonable en mi camino se debe sin duda al placer y a la salud que producen mis pasos, lo cual facilita que mi mente opere con método y con claridad cuando discurro sobre ello.

En todo caso, cuando en mis rutas diarias como transeúnte siento lenta, problemática o compleja en mi cabeza la búsqueda de conclusiones respecto a similares reflexiones, caigo en un error al detenerme en seco en mi camino para razonar sobre ello: olvido advertir que esa tarea intelectual tiene resultados y no acabará en pesimismo, aporías, ni confusiones si soy fiel al clásico dispositivo existencial de Diógenes de Sinope, quien declara que la solución de diversas dificultades (prácticas y pensantes) se "resuelven caminando" = *Solvitur ambulando.*

- 9 -

Sensibilidad y entorno ambiental

Viernes 20 de Mayo (14.37 P.M.)

He sentido que si pretendo andar afectado por algún dolor orgánico (migraña, sinusitis, tos, fiebre) y quiero simultáneamente pensar en mi camino asuntos propios del conocimiento religioso, político o cultural, todo se arruina en mi cabeza por la hostilidad del malestar físico. Sin embargo, M. Heidegger es el ejemplo total de lo que implica andar filosofando gracias a sus famosas travesías alemanas en sendas rurales y forestales, aunque probablemente muchas veces aquejado en su ruta por reiterados sufrimientos orgánicos en su corazón. Como una cómica curiosidad, puede uno imaginarse que los embriones existenciales de su conocido *dictum* "ser-para-la-muerte" pueden ser fruto teórico, antes que nada, de un asunto muy corporal en él, producido en sus caminatas a raíz de sus angustiantes taquicardias vividas en la soledad de sus emboscaduras en la Selva Negra. Como también uno puede creer, tal como asevera Gros, que el "eterno retorno" nietzscheano es, antes que nada, una hipótesis existencial físicamente dependiente de los rotativos e idénticos paseos del filósofo en variados momentos de su vida. Quién sabe...

No es este un asunto contextual baladí o innecesario de mencionar respeto a Heidegger pues es sabido que la ansiedad, el pánico o el terror a la muerte que causan los iniciales (y desconocidos) "aleteos" en el pecho abandonan al sujeto a una impotencia cuyo fin mortal uno se imagina inevitable. Cabe señalar que, al parecer, existe algún tipo de factor psicológico-vivencial en pensadores (complejos, miedos, vergüenzas, culpas) cuyo íntimo efecto en sus conciencias filosóficas antecede y "determina" el discurso teórico formulado en la naturaleza de un concluyente pensar escrito. Ben Ami Scharfstein examina todo este asunto psicológico en su destacado estudio *Los filósofos y sus vidas*, pasando revista a criterios de personalidades que van desde Descartes hasta Sartre.

En este sentido, no es imposible figurarse que la base del razonar metafísico sobre el *Dasein* esté acreditado en Heidegger a partir de rutas y sendas cuyas propiedades permanecen plenas de silencio y calma (en cuyo espacio son mucho más patéticas y desoladoras sus arritmias). La promoción de Heidegger por la trascendentalización de la naturaleza y de la Tierra, por lo demás, formulada a lo largo de su densa meditación intelectual, es consecuencia de un original mutismo cultivado en un caminar de caracteres boscosos y quietos:

El alboroto y el ajetreo están reñidos con el silencio que ansía Heidegger. La serenidad que los habitantes de ciudad pueden experimentar en muchos sitios inverosímiles le resulta falsa. El silencio que se cuela por áreas urbanas (vías muertas, callejones sin salida, patios vacíos, solares y zonas baldías, bajos de puentes) no le parecería elemental ni primigenio. Incluso si hay árboles y senderos de por medio, los claros de jardines, parques y riberas urbanas serían sucedáneos de las aberturas que se nos brindan en la espesura forestal[31].

Es lógico y posible caminar y razonar enfermo, pero en cambio cuando el cuerpo revela una completa salud gimnástica, todo se hace más claro y emocionalmente feliz respecto a conclusiones creadoras y pensativas: un ejemplo típico puede estar en el escritor Mishima (cuyo cultivo del ejercicio corporal fue intenso) o en el artista Yves Klein (destacado luchador de yudo). Sin embargo, la combinación salud/claridad de mente no es un concluyente automatismo: observo muchísimos atletas en conversaciones prácticamente nulos con respecto a ideas y pensamientos o con difíciles recursos intelectuales. Probablemente son fieles a *mens sana in corpore sano*, pero "mente sana" no debe ser entendida como cabeza hueca... ¿verdad?

Para H. Thoreau, sin embargo, no es que no pueda pensar o razonar si está afectado por malestares su cuerpo; en

---

[31] DEL CASTILLO, Ramón. *Filósofos de paseo*, p. 69.

realidad con esta deficiencia dice que su completa existencia en la cabaña se paraliza:

Pero la enfermedad todo lo trastorna. Ayer tenía un fuerte resfriado y un pinzamiento en la espalda y, como es habitual, la vida se detuvo para mi[32].

A medida que mis pasos se encaminan con mayor interés hacia esa nueva vía (polvorosa) ajena a la ciudad, como he dicho, el propio caos o "entropía" de la urbe se me hace más lejano y por tanto más claro el paisaje rural. También los pensamientos en marcha, al comenzar la ruta, permanecen estables de forma coordinada ya que la contemplación de árboles, arbustos, maleza y flores no descomponen mi "pantalla mental" al compás de todo lo que razono en un sitio así.

El contrapunto lógico de ello ocurre con la serie de circunstancias urbanas que inciden en *desarticular* la cabeza pensante produciendo perspectivas rizomáticas, es decir, dispersas en la mente: fisonomías, ángulos visuales, polivalencias acústicas. En lugar de esa innata reacción del cerebro, cuando uno camina en la ciudad, consistente en advertir con prontitud espacios angulosos y ásperos de la calle, junto a una conciencia y ojos que se fijan sobre todo en planos y superficies verticales y horizontales (cuya dinámica explicativa la observa Yi-Fu Tuan en su estudio *Topofilia*) aquí en la floresta la híbrida y difusa estética botánica contribuye —al

---

[32] THOREAU, Henry D. *El arte de caminar. Walking, un manifiesto inspirador* (Edición de A. Casado da Rocha). NED Ediciones, 2020, p. 58.

revés de la urbe— que los pensamientos en curso se aclaren mejor una vez observando intensos verdes en hojas de jacarandá, cálidos troncos marrones en olmos y significativos helechos en el prado al lado de charcas .

Al caminar solitariamente en la ciudad el flujo de pensamientos sufre interrupciones o graves disonancias al encontrarse con la característica hostilidad de coches, aceras, murallas e invasores edificios públicos que hacen muy limitado el sostén de ideas entre calle y calle. La aparente protección de ello consiste, por ej., en entrar en una quieta cafetería con el fin de estar a salvo de esa intemperie ciudadana constituida por un verdadero "campo de guerra" a propósito de ruidos, interferencias visuales y malestares callejeros. La sensibilidad de todo ello atrofia mi voz interior que construye extravagantes ecuaciones y sistemas de índoles estéticos o aritméticos a medida que uno pasea cuya calma, en espacios forestales, facilita que dichos paradigmas y simbólicas concurran en notable armonía hacia íntimas y privadas conclusiones mentales. Todas estas palancas lógicas incorporadas en mi pensamiento en este ambiente se me revelan claras como axiomas helenísticos y simples como un nido de palomas.

Mis criterios, en un plácido contexto forestal, vamos a decirlo así, sufren una positiva "somatización" debido a la beneficiosa influencia medioambiental que vive mi cabeza. Tal como, por el contrario, psicosis, fobias o *stress* redundan en nuestro humano cuerpo material con eczemas, temblores y con discretas llagas, siento que esta sana somatización mía se cumple a medida que se centra y se acota en el terreno de mi cerebro, pues el mundo del parque causa, no solamente sedación a la totalidad de la persona, sino también garantías de salud para eliminar previas confusiones teóricas contenidas de anacolutos, aporías y contrasentidos (como ocasionalmente me ocurre, en cuanto desgraciados frutos de un paseante urbanita).

- 10 -

Árboles

Martes 31 de Mayo (16.05 P.M.)

Cuando en mis reflexiones callejeras observo abandonados árboles plantados en filas en medio del canario pavimento ciudadano, inclinados además por un persistente viento vespertino, los antropomorfizo y creo que los pobres están clamando en su lenguaje (que un heresiarca druida siempre habría entendido) escapar al "rebaño forestal" del bosque más cercano en cuya espera mi prosopopeya, respecto a ello, se figura que este boscoso conjunto silvestre le crea un espacio apropiado de tierra para que aquellos se acomoden ahí.

Los contemplo linealmente en Tenerife desde kioscos y bocacalles como llenos de quejidos de pena (cuando crujen las ramas), completamente dislocados por sufrir en su savia, clorofila y filamentos troncales la terrible anomalía de enterrar sus raíces en el cemento. Seguramente, en mis largas caminatas, atravieso sus ocultas raíces en aceras, y creo imaginariamente que cuando mis pisadas cruzan sobre ellas en el pavimento pueden ser una señal positiva al árbol al sentir que con mi cuerpo caminante existe un sujeto en la superficie que quiere aliviarlo. Esta psicología ambiental que dimana de mi composición de espacio y lugar botánicos me recrea un efecto simultáneo de *tristeza* y *esperanza,* pues el "quejido de pena" que silba en la brisa parece tener respuesta en un paseante como yo, atento a redimir raíces que luchan por mantener el crecimiento de todo el sistema de la criatura vegetal. El temperamento humano que me revela ello mientras camino otorga una mayor consistencia a mi proceso cinético puesto que suponer o adivinar que respondo y transmito con mis pasos a la "llamada" de las terminaciones nerviosas del árbol me compromete en sentimientos a vivir la ruta en contingencias con la Madre Natura. Todo ello para mí en cierta sintonía con lo que expresa Fowles, y antitético con Sartre, según recuerdo redactar el 16 de enero. Sin embargo, la profunda mirada de apego por los árboles, cuya sensibilidad termina por ser *encarnada* en ellos, se encuentra en el pintor Ferdinand Holder quien dice:

> que le apetecería ser un árbol, porque los árboles son mudos. No necesitan estar pensativos, ni hacerse preguntas como las que se hacen las personas. Forman juntos el bosque, callados, sin pedirse cuentas al respecto, creciendo sin alegría, pero también sin aflicción: dice que las personas que sufren encuentran consuelo en el bosque porque les parece que el propio bosque

sintiera como ellos, pero sobrellevara el sufrimiento con más calma y entereza[33].

El reverso de esa dislocación arbórea se declara o manifiesta de modo muy visible cuando contemplo en un camino de un pueblo de Granada una suma de álamos de
formas elegantes que se imponen en un precioso terreno
protegido de ruinosos ladrillos y metales, celebrando ellos
al parecer una especie de fiesta el hecho de tener en la limpieza de su entorno troncal la salud que dan dos fuentes
de agua. Me parece también notable que todo el espacio
volátil que disponen los árboles sobre sus "cabezas" sea intocable en su libertad, pues resulta obvio la imposibilidad
de construir texturas, volúmenes o planos materiales que
tengan cupo en espacios más arriba de sus crestas, o que
superficies o estructuras tangibles se antepongan o limiten
la emergencia silvestre que crece y brota hacia el cielo.

Cuando proyecto esta concreta dimensión mental en mi
camino, a medida que observo largas alamedas, felicito a esas
altas ramas que se mecen liberadas de amenazas urbanas. Sus
ritmos y movimientos de hojas me parecen aplausos clorofí-
licos retumbando en la inmensidad del espacio cósmico. La
expresión forestal de este hecho, desde mi plana perspectiva
de caminante, resulta ser luminosa y feliz pues encima de
ese techo arborífero veo de modo sinóptico que todo tipo
de realidades aéreas resultan modificarse en híbridas propiedades celestes: geométricos vuelos de grullas, graznidos

---

[33] DEL CASTILLO, Ramón. *Filósofos de paseo*, p. 289, cita 60.

de gansos en filas, disolución de nubes después de observar engañosas pareidolias.

- 11 -

Paisajes políticos

Viernes 17 de Junio (02.15 A.M.)

A medida que trato de iniciar un paseo enfocando mi caminar con intenciones de observar "políticamente" dicho entorno callejero pongo en marcha un interesante dispositivo imaginativo. Sobre todo encargado de operar en mi ruta con fantasías (a raíz de esos propósitos) cuyos límites son representarse (o revelar) paisajes urbanos gracias a lo que yo supongo sensibilidades estético-medioambientales social-demócratas, marxistas y populistas.

Con una tendencia de carácter informativo mi conciencia examina, primero, cuáles son visualmente en el imaginario histórico contemporáneo los iconos o tópicos dominantes que han condensando el arquetipo público de cada una de esas corrientes políticas con el fin de descubrir, posteriormente, en mi andante proyección contemplativa, simulaciones, apariencias o escorzos que hagan juego con esos estereotipos ideológicos del caso. Y el imaginario de los *mass media* ha terminado por crear que la Toma del Palacio de Invierno en Petrogrado (1917) fue el suceso original y típico del marxismo; la dinámica de la caída del Muro de Berlín (1989) algo propio de la socialdemocracia occidental; y el reaccionario proceso relativo al ataque al Capitolio de Washington por D. Trump (2021) un asunto específico del populismo.

Así como en el mes de marzo sentí que, mientras andaba, ritmos y melodías íntimas arraigadas en mi ser se "encarnaban" (Leonard Cohen, *qawwali*, ópera *Lakmé*) en la realidad pública a medida que observaba ángulos urbanos, cruces de calles, rotondas renovadas, el mismo carácter de esta transferencia deseo que se produzca en la ciudad una vez proyectada mi sensibilidad escópica —no en relación con música— sino con factores plásticos que me revelen "diseños" de propiedades marxistas, socialdemócratas o populistas. Quiero decir que ejercito mi conciencia componiendo la fisonomía del paisaje callejero de acuerdo al empleo que hago de esos cristales ideológicos.

Como es lógico, no es creíble que el espectro de mis fantasías modifiquen o conviertan realmente de modo táctil el verídico entorno sintiente; en realidad mi memoria "introduce" en dicho espacio y lugar callejero las visibles representaciones arquetípicas de dichas ideologías, promovidas y fomentadas fotográficamente en mi mente, a medida que discurre mi imaginación visual. Y de este modo, si veo en mi paseo al final de un cruce de calles, inmensas mansiones abandonadas en San Sebastián las yuxtapongo en estética al "Palacio de Invierno" arruinado por los bolcheviques; si contemplo en el Puerto de Rotterdam una senda escalonada de acceso a una violenta playa, cuya espuma muerde a un grupo de niños causando intenso pánico, ahí se manifiesta para mi la revolucionaria multitud comunista agredida en Odessa, según el *Acorazado Potemkin*; si me encuentro pesadas murallas derruidas en el fondo de un callejón de Palma de Mallorca, donde viven turistas alemanes, quedan vinculadas entre sí y se convierten en el Muro de Berlín; y si siento una multitud ciudadana británica en veloces y agresivos movimientos atravesando la aparente tranquilidad de un llamativo centro comercial de Londres, para mí se refleja el Capitolio de Estados Unidos afectado ahí. Todo ello es consecuencia de cómo interiorizo la mirada de los edificios.

- 12 -

Desarraigo temperamental

Miércoles 22 de Junio (23.15 P.M.)

En los paseos que llevo a cabo, ocasionalmente me ocurre que los medito como encarnando a un sujeto desarraigado (pues ando sin rumbo por todas partes a medida que recuerdo mi antigua existencia en un país distinto a España) y ello me hace perder de vista panorámicas globales que objetivamente tengo ante mis ojos en la ciudad o en el campo cuando camino. Es decir, a medida que me asaltan preocupaciones sobre un asunto de carácter introspectivo (desarraigo, carencia de raíces, temporalidad de la vida) yo termino por vivir un intenso proceso anamnético que en muchos momentos oculta y borra el activo sentido de la vista, siempre tan despierto en otras ocasiones en mí fuero interno por registrar en el presente entornos medioambientales, estéticas urbanas o morfosicologías.

Sobre todo siento que el impulso de este propósito reflexivo lo acompaño de intentos narrativos por despertar en mi conciencia la aparente abstracción que supone el concepto "tiempo" en mi vida. Me imagino que con esta escrita voluntad pueden sentirse —si me leen— más interpelados por este pensamiento (de naturaleza contemplativa) aquellos caracteres humanos que he conocido de talantes nómadas o desarraigados, que han vivido determinadas mutaciones ideológicas o cambios en su persona (no sólo físicos), cuando se detienen a interrogar su propia vida en momentos de estabilidad o paz.

Cruzando un hermoso parque de pinos pensé en la idea del desarraigo, no como una impresión existencial opresiva o de malestar personal, sino como una vía emancipadora en mi ser que contribuye para asomar la cabeza con más libertad ante las contradicciones, paradojas o conflictos existentes en la vida. Esta consideración, íntima y personal, a la que he llegado después de infinidad de reflexiones, discusiones o controversias previas con diferentes interlocutores, es contraria a los planteamientos teóricos de Niall Binns.

Estudioso de la poesía latinoamericana, este autor concluye su texto afirmando que en esta producción continental se puede observar que el fruto de la llamada "alienación" contemporánea es precisamente la idea (y la experiencia) del desarraigo humano cuya expresión en poesía, a la luz de recientes décadas de nuestra modernidad, incluso modifica la aparentemente correcta perspectiva antropológica que tenemos del ser. Estima Binns que esta disonancia se manifiesta en cierto vocabulario y lenguajes poéticos de América Latina (Pablo Neruda, Ernesto Cardenal, Vicente Huidobro) aunque también desde estas creativas fuentes son reveladas las ansias latentes por consolidar un estado de verdadero arraigo en la persona, lo cual es anunciado gracias a un discurso que tiene eco en una cultura que produce unidad complementaria entre organismo vivo y ecología. Quizás en literatura europea contemporánea la expresión típica del desarraigo existencial está manifestado en *El extranjero* de Albert Camus.

Es cierto que un desarraigado, transformado como "extraño" para otros, carece de aquella sensibilidad que permite conocer, sentir o disfrutar a fondo en qué consiste la idiosincrasia nacional específica de un lugar o espacio a veces inhóspito para él. Pero es precisamente esta postura inestable, incómoda o perturbadora para el nativo, típica de márgenes del extranjero, la que hace relativa o provisoria esa lógica contextual en la que está instalado el aparente sentido común del arraigado.

La silueta solitaria de un alto eucalipto que contemplo, mientras pienso en todo este asunto en el día de hoy, parece ilustrarme y simboliza que, en realidad, en el universo de los árboles también se producen desarraigos y diásporas. La soledad de este árbol aparenta el abandono que ha hecho de sí hacia otro lugar la original masa forestal del parque. Sin embargo, este eucalipto desde su altura y desde su profundo perfume de hojarascas mentoladas, interpela en la distancia a esa periferia botánica, causando identidad a su "destierro". En cierto modo, pienso en la pintura surrealista de Max Ernst titulada *Árbol solitario y árboles conyugales* (1940).

Con todo, en estos pensamientos sobre mi temporalidad en cuestión, me doy cuenta que involucro en cierto modo descripción, contenido o formas de estados mentales como la esperanza, deseos, la melancolía o la nostalgia, y también figuraciones sobre lo que puede ser el porvenir. Son factores y categorías de orden cronológico-temporal subsumidas en el amplio "paraguas" de mi mente denominado información intelectual, recuerdo o memoria humana. En este sentido, respondo efectivamente a la declaración de David Le Breton en *Caminar la vida. La interminable geografía del caminante* en el sentido que "el paseante solitario está abierto a los acontecimientos y ensimismado en sus pensamientos, en su diálogo interior sin fin".

- 13 -

Chile, el tiempo y Julia Kristeva

Lunes 27 de Junio (13.02 P.M.)

En el reciente paseo de días atrás me comprometí en mi espíritu de tal modo con este asunto del "éxodo" del tiempo biográfico en uno, en vistas al porqué del desarraigo, que no pude dejar de razonar en dos formulaciones de autores (Julia Kristeva y Paul Bowles) sobre el tema cuyas consideraciones me llevan a creer que la naturaleza de los recuerdos resulta ser —voy a decirlo así— una efectiva "retención" del tiempo dentro de toda dinámica pensativa (aunque Wittgenstein nos "confunda" al interrogar si los recuerdos están en el pasado o en la memoria).

Respecto a pensamientos sobre este denso asunto filosófico relativo al *desplazamiento* del tiempo, me han resultado especialmente eficaces y de provecho mis últimas caminatas atravesando El Escorial. Han producido un singular soporte teórico en mi cabeza para discurrir sobre los mencionados autores, desplegando ideas sobre ellos e interpretaciones en relación al significado del tiempo que me interpela.

Recuerdo que Julia Kristeva expresa que:

Conocemos al extranjero que sobrevive vuelto hacia el país perdido de sus lágrimas. Enamorado melancólico de un espacio perdido, en realidad no se consuela por haber abandonado un tiempo[34].

Es realmente una consideración que encierra una sensación típica de desterrados a raíz de infinidad de exiliados chilenos que conocí en España a partir del golpe militar de Pinochet de 1973. Kristeva es una autora que escribe esta frase en su libro *Extranjeros para nosotros mismos* tocando en sus páginas criterios históricos, políticos, humanos y culturales respecto a qué significa la emigración y el *status* del extranjero en nuestras actuales sociedades multiculturales. Son estudios de sociólogos, antropólogos y analistas de la cultura que hoy por hoy tienen gran eco y trascendencia en la opinión pública, pero la acústica de estos asuntos eran de menos resonancia en los años en que Julia Kristeva publica dicho libro.

Sentado en un banco del parque cercano a casa, recordé que la propia autora es una extranjera pues es reconocida su emigración desde Bulgaria a Francia, así como su instalación en el ágora intelectual parisino constituyendo parte notable de la *intelligentzia* académica francesa. Sus propios estudios respecto a identidad, psicoanálisis, feminismo, semiología o

---

[34] KRISTEVA, Julia. (Traducción de Xavier Gispert). *Extranjeros para nosotros mismos*. Barcelona. Plaza y Janés. 1991, p.18.

ciudadanía guardan probablemente una relación muy estrecha con sus propios procesos personales en la construcción de un lenguaje que analiza al "otro" como extranjero al calor del predominio cultural eurocéntrico.

Pero lo que me impacta de Kristeva ahora que lo recuerdo es que, si bien su frase habla del dolor por la pérdida de un país, lo que en realidad parece tener énfasis en su texto es el desconsuelo de un sujeto "*por haber abandonado un tiempo*". No habla Kristeva en este contexto del Chile perdido de Salvador Allende (teniendo yo en vistas en mi memoria en este paseo de hoy a esos expatriados sudamericanos) pero en mi ruta forestal hago un alcance imaginativo a propósito de ellos y me figuro que el abandono de ese tiempo fué el Chile de la Unidad Popular, y por tanto es aquella historia la que se siente irreversible en la memoria del "extranjero melancólico".

La oscura bocacalle en la que camino a medida que razono este asunto acompaña mis figuraciones sobre el tema político de Allende, y me hace pensar que esta vía que cruzo es una galería en cuyo muro final hay ladrillos que parecen taponar *militarmente* cualquier hipotética salida (convertida esta ruta vial en una escena alegórica del ocaso de Chile).

Como ha sido divulgado, la esperanza por aquel proceso chileno incidía de forma personal y colectiva en muchos. Gracias a posturas de entusiasmo, sentimientos colectivos y anuncios públicos de libertad en aquellos desterrados (antes de que lo fueran) la Unidad Popular causaba en el mundo político de América Latina la emergencia de notables ansias por el cambio social en un clima de revolución. Infinidad de exiliados en Estocolmo, París o Ciudad de México soñaban con vivir el espíritu de esa época producida por Allende en Santiago. En Madrid en 1978 conocí evocaciones sentimentales muy intensas cuando un grupo de artistas chilenos invitados a un foro cultural cerca del Museo de El Prado recordaba con detalles su vida el día en que fue bombardeada La Moneda. Recuerdo que se agregaban comentarios respecto a la música popular que invadía las calles de Chile cuando triunfaba la izquierda en elecciones parlamentarias.

Algunos de ellos añadían recuerdos sobre el sabor irrepetible de las comidas en celebraciones de Fiestas Patrias, y otros agregaban detalles relativos a la intensidad del destello de la luz de la cordillera cuando Santiago amanecía en verano sin contaminación. Surgía en todos ellos una memoria de largo alcance que examinaba el proceso de la Unidad Popular con racionalidad y cariño. Otros anticipaban, con tristeza y dolor, en los mismos momentos que conversaban, todo hay que decirlo, las torturas existentes en centros de detención en Chile a opositores a la dictadura de Pinochet.

Observando el libro de Kristeva me figuro, por tanto, que no se trata tanto de desconsolarse por no poder recuperar el compás habitual de un tiempo ordinario de un calendario o un reloj (manifestado como cronos) cuya presencia es interminable e impersonal en una pared, sino que parece deducirse con la oración de Julia Kristeva que en realidad es una pena por la despedida de un tiempo caracterizado como *kairós*, que fue la temporalidad oportuna y fecunda para realizarse en la vida, como se pretendía en términos públicos en Chile.

Cuando el posible reclamo por la repetición de ese *kairós*, fuera del país y de contexto, por parte de aquella conciencia desterrada por el golpe militar resulta impotente, absurda y a la larga fracasada, no queda más que aceptar el desarrollo natural de cronos, produciendo la lógica consecuencia humana de "mirar hacia el país perdido de sus lágrimas", como ella expresa. Incluso el fomento de los recuerdos bellos de ese *kairós* en una mente exiliada no es suficiente para que este sujeto desarraigado se sobreponga en espíritu, pues el propio acontecer de la realidad en tierra inhóspita termina por hacer moribunda la posible memoria hermosa de aquél tiempo (involuntariamente) abandonado.

A partir de aquí no se comprenden del todo los movimientos del viaje humano que emprende este sujeto desterrado en la vida fuera de su país natal. Pero la estabilidad que busca el extranjero permanece en semillas gracias a los deseos, cultivo y promoción por el retorno a su Ítaca. Es decir, parece evitar recaídas de espíritu en su ser cuando asume imaginativamente y con fantasías que puede volver a la patria. Con todo, Kristeva es radical respecto a este asunto del exiliado pues considera que "el paraíso perdido es un espejismo del pasado que nunca podrá encontrar nuevamente".

- 14 -

Paul Bowles y el exilio

Domingo 7 de Agosto (11.05 A.M.)

Junto a todo ese escenario meditativo del pasado junio, redactado en mi *Cuaderno*, tengo ahora en el camino otra consideración psicológica relativa a lo que implican los recuerdos en cuanto "retención" del tiempo. Es una cuestión planteada a raíz de las finales palabras literarias de Paul Bowles gracias a su novela *El cielo protector*:

> Al no saber cuándo moriremos pensamos que la vida es inagotable. Pero todo ocurre sólo un cierto número de veces. Y son muy pocas veces. ¿Cuántas veces más recordarás una cierta tarde de la infancia. Una tarde tan arraigada en nuestro ser que no puedes concebir su vida sin ella? Quizás 3 ó 4 veces. Quizás menos. ¿Cuántas veces contemplarás la luna llena? Quizás veinte. Sin embargo, nada parece tener límite[35].

[35] BOWLES, Paul. *El cielo protector*. (Traducción de Aurora Bernárdez). Madrid. Alfaguara. 1998, p. 259.

La larga permanencia de Paul Bowles en la ciudad de Tánger transformó su desarraigo en una persona con raíces en Marruecos. Sin embargo, su literatura permanece implicada en una penetrante sensibilidad nómada o muy poco sedentaria, especialmente con el mencionado texto de *El cielo protector*. Son también palabras que corresponden a la propia voz de Bowles en los minutos finales de la película de Bernardo Bertolucci, adaptada a la novela del autor norteamericano. Todo el texto (y la película) respira un clima de abandono, éxodo y pérdidas gracias a personajes como Kit, Port o Tunner del libro los cuales, a pesar de ello, luchan por mantener una identidad, una reconciliación o una concordia que el profundo itinerario geográfico imaginativo hacia África puede borrar.

Existe un escenario mental mío concorde con este espíritu novelesco gracias a la sensibilidad que se ha despertado en mi conciencia, una vez atravesando con lentitud el centro de Tánger (en busca del zoco mayor bajo la *kasbah*). Ahí se ha modificado la identidad de mi *yo*, instalándose mis íntimos criterios psíquicos en un singular *desarraigo* a raíz de emociones bifrontes por el humano paisaje marroquí. Cuando en mi camino se manifiesta el carácter público y colectivo de la multitud musulmana que circula en las calles africanas, recuerdo que en ese paseo se produjo en mi persona, de forma paradójica, dos efectos dialécticos (o convexos) entre sí: A) ví naturalmente de forma física una masa humana tangerina agrupada y palpitante pero B) además, desde ese interior popular, sentí que nacía una emergencia total de espiritualidad y cavilación en los magrebíes.

En cierto modo, esta arquetípica dualidad fue algo sucedido, aunque instalado en una muy diferente antropología cultural, en la masiva manifestación social de los mapuches que miré como transeúnte en el Sur de Chile años atrás, cuando eran celebradas sus tierras por el culto de la "machi". También cuando observaba su quietud contemplativa en colectivas reuniones en el mercado central de Temuco con el fin de vender sus ponchos.

Esta reconciliada sensación mía en Tánger, producida a raíz de ambas pantallas mentales, era una forma de "encuentro" entre araucanos y musulmanes —cruzando vivencialmente el tiempo, la historia, el espacio y la cultura— y síntoma inicial de un verdadero tránsito de pensamientos entre mi pasiva conciencia abstracta a un estimulante sueño de energía, el cual invitaba a perderme en la ciudad en una extraordinaria fantasía contenida de un híbrido universo árabe-mapuche.

Con todo, regresando a *El cielo protector*, la formulación citada de Bowles revela la aparente distancia (casi una infinitud) que tiene la vida cuando, como jóvenes, todos miramos ilusionadamente su interminable porvenir. Pero, en el fondo, dicha declaración es una llamada para despertar cierta melancolía humana, que es el estado del corazón donde surge (o es fruto de) una invitación a pensar que nada en el mundo termina por ser consistente o duradero, especialmente en relación con tantos episodios bellos o admirables vividos en toda existencia. Frente a esta consideración, es verdad que nace una tentativa lógica de resistirse a aceptar los límites, el tránsito o la caducidad de esos eventos, ilusionándonos en perdurar, pues parece mentira que sobresalientes vivencias en nuestra vida se esfumen y mueran por el paso del tiempo.

Es probable que los estados de melancolía sentidos en el exilio sean frutos directos de un cierto espíritu de desencanto con el que se mira el pasado. El desarraigo crea un sujeto que se siente apegado, o echa de menos, el pasado pero la realidad de su introspección obliga a ver con tristeza la necesidad de despedirse de él. A partir de aquí se puede comprender el eco que demuestra la formulación de Julia Kristeva, recordada antes en el parque de mi barrio, cuando se refiere al enamoramiento melancólico del extranjero por "un espacio perdido".

Sin embargo, mis primeras impresiones sobre aquella idea de Bowles no fueron en absoluto literarias o estéticas, como las que relato, sino políticas pues toman cuerpo para mí a raíz de la impotencia y el sufrimiento de familiares de detenidos / desaparecidos que ví en Chile cuando reclamaban esas vidas ausentes ante el régimen de Pinochet ¿Qué quiero decir?

Algunas madres, al ver tan jóvenes y entusiastas a sus hijos en Chile antes del golpe de las FF.AA., consideraban evidente la premisa de que sus vidas serían larguísimas e "inagotables" (en el decir de Bowles) y que por tanto debía ser obvio y natural cultivar en familia el calor del hogar con ellos. Pero una vez *desaparecidos* a partir del 11 de septiembre de 1973 se desesperaban estas mujeres por no haber valorado más ese tiempo típico de *kairós*, sin poder advertir que en realidad toda esa dinámica (cultural, familiar, política) allendista quizá podía ser breve en la historia social de Chile (como así fue). Un reproche así mismas por no haber sido capaces de crear juntos más circunstancias, anécdotas o eventos de índole humanos y personales pues, como era lógico y natural, se creía que todo ello era posible disponiendo de todo el tiempo del mundo, revelado en apariencia como ilimitado en el Chile del gobierno popular. Muchas de esas madres creían incluso que sus hijos eran "inagotables" en su esfuerzo por la construcción de un socialismo democrático en el país. Gracias a esa moral de sacrificio y lucha que ponían los militantes en el compromiso político que despertaba la Unidad Popular —siempre lo supe— quedaba oculto en el imaginario revolucionario chileno que esa clase de proyectos no podía ser interminable. Puesto que el extraordinario laboratorio socio-político promovido por Allende en el Tercer Mundo —es capital recordarlo— "ocurre sólo un cierto número de veces. Y son muy pocas veces" (en el decir literario de Paul Bowles) y confirmado por análisis de Ciencia Política.

En todo caso, todas estas reflexiones urbanas y viales personales (cuyos antecedentes descansan aparentemente hoy en mi paseo en una exclusiva voluntad chilena autoinformativa) tienen en realidad sus notables frutos en mis últimas caminatas, que alumbran con sentimientos tales motivaciones:

La caminata es a menudo un desvío para rememorar a los desaparecidos o a los seres cercanos que no pueden participar en ella. Al liberarnos de las ocupaciones inmediatas, y gracias al vagabundeo de pensamientos que se pone en marcha, ayuda a recuperar el hilo de los recuerdos de seres queridos que ya no están, o de otros a los que les hubiera gustado venir, pero no podían hacerlo…

¿Por qué el recuerdo de los seres desaparecidos está ligado a espectáculos anodinos, como una rama oscilando en el viento o el dibujo de la cresta de una colina?

La gozosa fragilidad que se siente en los caminos nos trae a la memoria gestos, sonrisas, rostros en otro tiempo atesorados y hoy ausentes. Emprender camino reaviva el pasado, nos hace echar la mirada atrás sobre nuestro itinerario personal, nos lleva a recordar a aquellos que nos acompañaron en distintas etapas de nuestra existencia. La belleza del mundo provoca también el deseo de compartir algunos momentos con ellos, preguntándonos qué habrían pensado de esto o lo otro[36].

En este sentido, uno de los tonos afectivos por la desaparición de personas queridas consiste en sentirse interpelado por emprender viajes geográficos a propósito de un fallecimiento, para recuperar en ese camino cuestiones que

---

[36] LE BRETON, David. *Caminar la vida. La interminable geografía del caminante* (Traducción de Hugo Castignani). Editorial Siruela. Madrid. 2022, pp. 102-104.

conciernen a su memoria. Virginia Woolf inicia una larga travesía por Grecia en mayo de 1912, teniendo en vistas un mes atrás el deceso de Lytton Strachey —destacado miembro del grupo Bloomsbury—. Al escribir en su *Diario* que otros amigos comunes se sumarán a su ruta, considera la escritora directamente que ello es "consecuencia de la muerte de Lytton".

- 15 -

Séneca

Sábado 20 de Agosto (18.06 P.M.)

Por otra parte, el empleo de esa breve frase de Bowles y mi pensativo discurso sobre ella, ha tenido efectos en mis antiguas conversaciones y paseos universitarios a propósito de juicios éticos, morales o filosóficos acerca de cómo "tomarse la vida" en sentido extenso. Pues la formulación en *El cielo protector* puede ser vista a la luz de un vocabulario o relato intimista, pero también como una pantalla que puede ilustrar momentos históricos o públicos notables, como fue el caso chileno de Salvador Allende y el golpe.

En todo caso, dos de los antecedentes textuales más remotos que puedo recordar en relación a las palabras manifestadas por Bowles descansan en las *Meditaciones* de Marco Aurelio y, especialmente, en el *Tratado* de Séneca titulado *Sobre la brevedad de la vida,* donde es posible observar de modo admirable el espíritu, el lenguaje y la sensibilidad estoica que determinan la conducta de este autor cordobés del siglo primero.

Los jardines de fuera de la ciudad de Málaga, que actualmente me acompañan en mi camino, los observo como proyecciones ópticas de los espacios naturales donde los pensadores redactan sus manuscritos: la antigua Roma y Córdoba.

El *Tratado* mencionado parte de la base de que la existencia es obviamente finita y las consideraciones implícitas en el texto tratan de mostrarnos cómo lograr esencialmente una vida realizada y plena. A partir de aquí, la insistencia ética fundamental del *Tratado,* respecto a la perduración armoniosa de nuestra temporalidad, consiste en reiterar un criterio de carácter cronológico específico de Séneca, el cual dice que en nuestra vida:

> No tenemos poco tiempo, sino que perdemos mucho. La vida es suficientemente larga y se nos ha dado con largueza para la realización de las más grandes empresas, con tal de que toda ella se emplee bien[37].

Lo que entendamos por "emplear bien el tiempo" en la existencia siempre será algo subjetivo en nosotros, pero en todo caso el pensamiento senecano agrega otras notables consideraciones que ponderan cuál es la prioridad en un sujeto ético en busca de plenitud temporal en su ser. En primer lugar, evitar vivir como si fuéramos a vivir eternamente. El discurso del *Tratado* nos expresa casi en tono de reproche:

---

[37] SÉNECA. *Sobre la firmeza del sabio. Sobre el ocio. Sobre la tranquilidad del alma. Sobre la brevedad de la vida.* (Traducción de Fernando Navarro A.). Editorial Alianza. Madrid. 2010, p. 249.

Jamás os acordáis de vuestra fragilidad, nunca reparáis en cuánto tiempo se os ha ido ya; lo malgastáis como si fluyera de un caudal pleno y abundante.

Todo lo teméis como mortales, todo lo deseáis como inmortales[38].

La modulación de este lenguaje moral, a propósito de la inmaterialidad del tiempo, tiene destacados alcances didácticos-pedagógicos en Séneca. Para reiterar la falta de conciencia en la persona sobre la finitud de la existencia, e insistiendo que las preocupaciones superfluas de los ocupados ("occupati") impiden contemplar en su correcta dimensión la rica densidad de la vida, este filósofo agrega que dentro de la política ética existente en aquellos "ocupados" por las contingencias:

Nadie tiene la muerte ante los ojos, todos ponen lejos sus esperanzas, algunos incluso organizan cosas que están más allá de sus vidas[39].

Esta deficiencia humana existente en tantos de nosotros conduce a Séneca a resumir su *Tratado* diciendo que:

La vida más breve y más angustiosa es la de que aquellos que se olvidan del pasado, descuidan el presente y sienten temor por el futuro[40].

---

[38] SÉNECA. Ob. cit. p. 255
[39] SÉNECA. Ibid. pp. 314-15
[40] SÉNECA. Ibid. p. 301

La introducción de la formulación de Bowles, en complemento con este paisaje conceptual de Séneca, me causa el reflejo de una cierta sensibilidad ético-meditativa común. Apuntando ambos autores a la incertidumbre que despierta en uno cuándo es el momento de la muerte, hay simultáneamente en los dos una especie de *llamada* a que no es del todo dramático advertir o anticipar ese fin, aunque es ideal que antes de ese ocaso dicha vida se reconozca "cargada" de un pasado contenido de eventos que hayan sido capaces de instalarnos (en armonía) en la finitud.

Respondiendo a una visión senequista de la realidad, es posible decir que cada *pasado* humano es en firme el único patrimonio efectivo que tenemos y que ojalá, en el deseo de examinarlo, encontremos en dicho marco un déficit de cosas superfluas, que a la larga son las que impiden valorar como *realizada* la vida.

- 16 -

Existencia y filosofía

Domingo 11 de Septiembre (08.45 A.M.)

Una vez asumiendo en mi conciencia que la tranquilidad que tendré en mi actual paseo será debido a la ausencia de problemas que me aquejaban las calles del mes pasado (por mis empeños por razonar sobre el tiempo, desarraigo, Chile o Séneca, descuidando el sentido de la vista en la vía pública, que me debe ilustrar el tránsito entre pensar y caminar) hoy siento advertir que el paso previo a esta paz contendrá en mi curioso temperamento —y esto hace complejo el proceso que cuento— una mirada de *anodina* indiferencia por las cotidianas cosas mundanas y —simultáneamente— un *excitante* sobresalto de asombro por sus implícitas contingencias también, como así sucede:

—Por ejemplo, veo que no me dice absolutamente nada un patio recién abandonado en Valencia, pero el reverso pictórico de ello en mi óptica es la sorprendente belleza que causa la brisa en la hierba escondida ahí; un sujeto ambulante que me parece apático y gris cruzando la calle en Vigo me revela acentos profundamente cálidos por su metal de voz; unos niños aburridos en una plaza sin juguetes en Murcia se convierten en felices críos cuando creen que se figuran nubes con forma de campanas en el cielo; ancianos abúlicos alrededor de mesas en Toledo me resultan sin embargo animados en sus rictus faciales al contar alegrías de sus nietos.

Estos ejemplares formatos que cuento, de características bifrontes para mí (indiferencia visual/destellos de atención), son síntomas de una particular llamada sutil y compleja en relación con el proceso de espera de la mencionada paz: anticipo en mi íntimo temple que el deseado valor de la quietud será realizado *siempre y cuando* sean reconciliadas en mi espíritu dichas antípodas (apatía/excitación) a medida que avanzo pensativo en la floresta. Ambas consideraciones de ánimo son sin duda evidentes percepciones revestidas de claridad, aunque, como digo, se modificarán en otra "cosa" una vez solapadas en mi seno, causando ahí la aparición del soñado sosiego existencial que sospecho.

Una vez revelada efectivamente esta consecuencia espiritual en el centro de mí y del parque, toda mi ruta forestal discurre convertida en felicidad, pues los frutos de la convergente emergencia de subjetividades binarias han incidido en el alma para hacer llegar la quietud, la calma o la paz a sujetos contemplativos como yo. Sobre todo después de lo padecido en Agosto por las tensiones y lo tirante que resultaba establecer pensativos equilibrios, una vez involucrado en cosas abstractas relativas a Kristeva o Bowles a partir de recuerdos.

Pero la operativa ambivalencia previa de esta serie de criterios de hoy —causándome paz— no sé si han instalado mi sensibilidad dentro de filosofías orientales búdicas o indias No-duales, o bien en el académico discurso universitario de corrientes Posmodernas (por la característica categoría del *relativismo* existente en ellas). En todo caso, mi testimonio, a propósito de reconciliar lo ocularmente doble y la tranquilidad de ánimo que ello produjo, intuyo que tiene cierta porosidad concomitante con ambos lenguajes del siguiente modo: mi evento existencial ha otorgado armonía y bienestar al alma debido a dos cosas: por la "desaparición" completa de mi *personalidad* a medida que de hecho he sentido en la vida de modo compacto y simultáneo (=No-dual) tanto lo incongruente como lo coherente, el calor como el frío, la enfermedad como la salud, lo decrépito como lo nuevo, lo hermoso como lo feo, lo canino como lo felino, lo promiscuo como lo casto, el temor como la calma de mis sentimientos; y, por la dulce indecisión (=relativismo) sentida en la naturaleza de mi ser —debido a ese juego mental— respecto a dónde hace valer la genuina sustancia nominal de mi *yo* (¿materia, trascendencia, mundo?).

En esta medida, y con este aspecto, la confesada ambigüedad de esta iluminadora vivencia actual puede en cierto modo revelarse en mi autoanálisis en gotas como No-dual, o en pálidos esbozos como posmoderna…¿no? Aunque manuales psicológicos de pensamiento holístico hablan de esta *liberación* de forma frívola, publicitando panteísmo, esoterismo o gnosis, en realidad nada de esto cabe en lo que sinceramente he vivido y cuento en este paseo.

La densidad de estos asuntos pensativos se incrementó con lo ocurrido en mi espíritu y mente una buena tarde transitando una playa de Galicia: toda la realidad existente en este camino se expresó de tal modo recargada de energía (sensual, cuántica, eléctrica, acústica) que me puse a pensar en el término técnico *orgón*, formulado críticamente en el campo humano investigativo por Wilhelm Reich. Fue tan vitalmente intenso todo lo sentido en la arena gallega que efectivamente estaba incorporado en una constelación espacial de propiedades orgónicas. Es decir, en esos momentos se impuso en mi sensibilidad ese asombroso clima corporal examinado por Reich cuyos perturbadores juicios consideran que existe una implícita dinámica psico-biológica en nosotros —trastocando la original libido freudiana— que inevitablemente implica (a pesar de la denominada *coraza*) a todo lo viviente, según las interesantes premisas reichianas experimentales a propósito de la sexualidad.

Excluidos literalmente por mí todo criterio o consideraciones místicas al respecto, en algún sentido el denominado *transcendentalismo* de R. W. Emerson —vale la pena recordarlo— podría tener cierto cupo en lo que estaba sintiendo cerca de ese mar. Recojo de ello sobre todo el carácter y la naturaleza de la *intuición* que otorga esta filosofía en el seno del ser humano, en vistas a una correcta y plena visión de la realidad.

Pero no solo esta notable manifestación se me produce en ocasiones rodeado de un excitante paisaje urbano (o marítimo) —que resulta tan vibrante y dilatado ante mis ojos— pues también esta experiencia causa críticas ateas a la religión al convertir con otra mirada lo que originalmente se entiende por *numen*. Si bien es cierto que esta es una categoría capitalizada por la teología, empeñado Rudolf Otto en otorgar a dicha idea el carácter de sensación, pues su hegemonía permanece constituida por el misterio y la fascinación (en vistas a la Biblia, lo divino y la santidad), cuyos espectros recaen en el área del *sentimiento* del sujeto creyente (y no en la razón, el dogma o el credo), la atea secularización que vivo de lo numinoso me atrae de modo profundamente distinto.

Aunque, según recuerdo, la sociología del conocimiento establece que las religiones, la gnosis, la New Age o el neopaganismo, cumplen una específica palanca operativa relativa al "reencantamiento" del mundo, para mí la cosa es diferente. La fascinación y el misterio numinosos, en términos mundanos, me parece que instalan mi espíritu —respecto a dicho binomio— cooperando en develar plásticamente sus contenidos, en lugar de mantener esa representativa ambigüedad incubada en la mente del devoto: por ejemplo, mi completa fascinación por el mar descansa siempre en el inagotable movimiento artístico que producen las olas. Nunca jamás decepcionan; y el misterio del Ser cada vez se reactiva y tiene brillante respuesta en mis sentidos gracias al testimonio que doy al observar la carne de toda criatura naciente destinada al Cosmos y a la Vida. Más hermoso imposible. Quiero decir, como ejemplos, que estos son modelos que me bastan como experiencias sublimes y lo que es señalado tradicionalmente como numinoso se "descascara" para mí frente a lo que siempre revela la maravillosa simplicidad de las cosas naturales.

Por el contrario, mi terror es total cuando mi imaginación modula en la mente —pero una vez mirando misteriosas ruinas de puertos sudamericanos— el movimiento de un imprevisible *tsunami* repleto de anfibios, cuyo rumor de avance acuático nocturno es mínimo, lo cual facilita que mi vida sea tragada sin compasión por esa palpitante masa de organismos batracios en Valparaíso. La morbosidad de este asunto pensativo empuja mi cabeza a otra singular visión revestida de fatalidad: consiste en la espantosa sensación que tengo por esa Luna llena de Moscú, donde me figuro que un persistente temblor en su interior de polvo y roca es fruto de un monumental gusano cósmico, que se dilata y contrae con oculta furia en la melancólica esfera blanca.

Con la consecuencia de ambos signos (mar-cielo) establecidos narrativamente en mi *Cuaderno* por mi profundo inconsciente: ¿Estoy haciendo presente en mi corazón, con estos patrones, la denominada "conjunción de opuestos", según Jung? No lo sé.

Todo ello supone para mi persona, por lo demás, revertir el sentido temperamental del llamado *encantamiento* de la existencia a medida que recorro valles, ciudades, caminos, madrugadas o mundos vespertinos. Un maravilloso ejemplo característico de lo numinoso en una conciencia secular, no sacral, de Mircea Cărtărescu, está expuesto en su obra *Solenoide*, gracias al impacto que produce en él la fusión de temor y admiración una noche abierta fuera de Bucarest:

al contemplar las estrellas, nunca las había visto tan gloriosas, tan deslumbrantes…nunca se habían ordenado tan claramente en constelaciones. Nunca me habían asustado tanto[41].

Experiencia literaria en realidad todo lo contrario a la típica sensibilidad que representa el numen en lo católico y lo clerical: la sublime fascinación que se pretende enseñar al pueblo de Dios con el Espíritu Santo eligiendo Papa, en realidad para un ateo satírico es solo paja quemada ("fumata blanca"); y el hipotético misterio de la eucaristía, en un sarcástico observante de las religiones, se ha rutinizado de tal modo en dos mil años que su liturgia está transformada en simple inanidad y tedio. Ha sido el *mitismo*, es decir aquella tendencia intelectual académica que no da ningún crédito exegético histórico a la existencia de Jesús, el que ha creado contrapuntos dominantes al crédulo ensueño sobrenatural de todo lo que implica Jesucristo.

---

[41] Cărtărescu, Mircea. *Solenoide*. (Traducción de Marian Ochoa de Eribe). Editorial Impedimenta. Madrid (6ª edición), 2022, p. 139.

- 17 -

Literatura y ecos urbanos

Martes 13 de Septiembre (22.15 P.M.)

En ocasiones, una de las principales sensaciones que tengo al salir de madrugada a pasear, consiste en hacerme cargo de imágenes propias de lecturas realizadas durante la noche, o de otras diurnas previamente leídas durante días. Es un natural proceso mental que, sin embargo, revela con dificultad cuál es el *pliegue* de conocimiento dado entre el pensamiento recibido del texto con la imagen plástica que busco ejercer en mi vista a propósito de esas premisas narrativas. Pero la dimensión visual que proporciona la calle, los paseantes, el medioambiente y los sujetos circulando en ella facilitan instalar con realismo y fidelidad las interpelaciones figurativas a partir de mis lecturas previas en cuestión. El entorno matinal termina por otorgar un contenido pictórico muy nítido respecto a lo leído y gracias a ello se eliminan de mi cabeza las flotantes escenas narrativas que ha dado de sí el autor en su obra, cuyo antecedente conceptual ha sido lógicamente leído por mí. Es un dispositivo intelectual que contribuye a caminar de modo creativo, y con no poca fantasía, dentro de las rutas que dispongo en el día al constatar que mi paseo no se certifica solo a raíz de algo tan vibrante como es la simple experiencia de gratuidad de mi cuerpo en movimiento. También veo que mi cinética reúne contenidos literarios a partir de esa pulsión informativa atraída por autores, unidades narrativas y libros consultados.

A veces, en mi mente, la búsqueda de transferencias pensativas del texto a las deseadas imágenes durante mi existencia diurna son reducidas de tal modo que bastan escenas típicas del libro para condensar todo su contenido en ellas: en una de estas mañanas, por ejemplo, los efectos de *Los Cantos de Maldoror* de Isidore Ducasse, Conde de Lautréamont (que me entretuve en la noche leyendo), una vez puestos los pies fuera de casa, me acompañaron en diversos momentos de la jornada en la calle y en este sentido no podía quitarme de la cabeza (al cruzarme —desgraciadamente— con personas obesas) la figura de la cópula de Maldoror con una tiburona, detallada en el *Canto* segundo.

También se hacía irresistible en mi cabeza la persistencia de Lautréamont cuando, en medio de un descampado de la ciudad, me encontré con abandonados vagabundos en torno a fétidos montículos de mugre pues, en ese escenario veía proyectado, todo sea dicho, el *himno al piojo* del que habla Ducasse. A la vez, pensé en Roberto Bolaño quien, al comienzo de su extraordinaria novela *2666*, sostiene la idea, deudora de Baudelaire: "Un oasis de horror en medio de un desierto de aburrimiento".

Sin embargo, en la medida que observé en otro patio de esta ciudad basura ordenada desapareció para mí el concepto de *suciedad*. Parece que mi psicología respecto a la atmósfera ambiental relativa a la basura se modifica si se delimita con controles la mugre. La *ordenada* composición de la porquería en el suelo facilita a los ojos contemplar con otra perspectiva lo que en sí es desperdicio y podredumbre. Incluso lo que originalmente siempre han sido "vacíos mugrientos" de la calle a la larga terminan por transferirse en "zonas muertas", y de este abandono se estetizan objetos gracias al *Arte Povera*. He leído que de las propiedades materiales de esos deshechos surgen creativas instalaciones de C. Boltanski. Incluso el filósofo Slavoj Žižek al parecer ironiza sobre este asunto, lo sé, y reclama ante la ecología contemporánea que una sociedad "idealmente equilibrada sería un espacio totalmente caótico donde la basura no es segregada sino simplemente un elemento de nuestro entorno".

Pero, al recordar de nuevo a Lautréamont y divisar a una niñita cruzando un semáforo con su madre, mi mente se negó a transferir figuraciones oculares de lo ocurrido en los *Cantos* a propósito de un horrible ataque del bull-dog a una infeliz chica, según relata Ducasse. Sin embargo, al doblar la esquina de mi calle y —al observar dos hombres amorosamente abrazados— no pude dejar de pensar en el relato del hermafrodita redactado en los *Cantos*.

La crudeza de este clásico relato hace muy difícil prevenir imágenes potentes una vez cavilando en paz sobre el texto. Con razón Lautréamont se consolidó como icono del surrealismo, cuya promoción llegó a establecerse en el arte (Dalí) a partir de Breton. El carácter enigmático de la vida de aquél ha sido biografiado por Ruperto Long en su ensayo *No dejaré memorias* —que es esta una formulación existente en una de las poquísimas "poesías" de Ducasse.

Existen además otras censuras que antepongo como *tabú* en mi íntima sensibilidad, con el fin de evitar proyecciones de crueldad por escenas literarias pero que pueden revelarse, por ejemplo, al contemplar en una caminata erotizados espacios en la periferia de un barrio de Roma: a medida que atravieso ahí un abandonado edificio de inmoral empleo prostibulario, siento que ese lugar italiano está revestido del orgiástico mundo demencial del Marqués de Sade por su *Filosofía del tocador*. Además en esa calle italiana se introduce mentalmente en mí cabeza el complemento de alegorías afines al pensamiento obsceno de G. Bataille existentes en *El ano solar*, junto con los morbosos retratos líricos de Leopoldo M. Panero propios de una atrofiada sexualidad.

También sé que he clausurado mis fantasías cuando diviso imágenes de guerra en el poema *Grodek* de Georg Trakl, cuya operativa mediación escópica del texto pretende vincularse a mí debido a una clínica geriátrica de dolidos pacientes instalada fuera de mi barrio, sobre todo cuando una mañana en Madrid yo recuerdo deletrear: "rueda el sol más siniestro y ya abraza la noche / a los guerreros que agonizan la silvestre quejumbre / de sus bocas quebradas".

Existen también otras circunstancias visuales que simulan identidad para mí entre partes del relato leído y el estereotipo gráfico que acontece en la ciudad: recuerdo que la fisonomía que describe Herman Hesse su personaje de Harry Haller en *El lobo estepario* fue simbolizada por la estatura y la serenidad de un hombre que vi hace años en el parque central de Berlín que expresaba con calma, a otros, la indiferencia de ser sedentario o nómada en su vida pues alegóricamente se sentía canino en su mundo interior; y el arquetipo de Emil Sinclair (personaje decisivo en la novela *Demian*) lo encontré inmediatamente retratado en aquél chico inteligente y curioso que —con un mapa de Madrid en la mano— me solicitó una tarde un momento de atención para orientarlo cuál era la calle más cercana de acceso a la Biblioteca Nacional. Parecía tener en su mente los dilemas del bien y del mal en la vida (que se plantean en el libro) y creo que buscaba solitariamente, no con su amigo Demian, según Hesse, la reconciliación de esos factores duales en un Abraxas que reposaba en libros, documentos y archivos.

Otra mañana, también cerca de la Biblioteca Nacional, la locura de un demente que vociferaba en plena Plaza Colón en torno a sus sueños y pesadillas, hizo concurrir mis pensamientos a pasadas lecturas del paranoico personaje de *Aurélia* de Gérard de Nerval. En un viaje a Chile, la deplorable mirada de odio que yo vi de un uniformado castrense, al cruzarse con un inmigrante africano en el aeropuerto de Santiago, me condujo a deambular en la mente de Roberto Bolaño cuando proyecta suma crueldad en el personaje Carlos Wieder, en su novela *Estrella distante*.

- 18 -

Mente y realidades duales

Lunes 3 de Octubre (07.55 A.M.)

En el libre caminar que cada día llevo a cabo por la urbe, el principal obstáculo que sufre el natural despliegue de mis pensamientos al calor de los pasos que doy, lo constituyen los semáforos en rojo. Pues muchas veces, poco antes de encontrarme con ellos, han cuajado en mí una serie de ideas y reflexiones que parecen tener conclusión en unos pocos pasos más allá de mi calle, pero que deben resumirse si camino y camino, en ningún caso si me paro o me detengo. Por esto es un paralizante fracaso el semáforo pues la luz de alarma y advertencia no sólo retiene lo que está en ciernes mentalmente en mí, sino que los largos minutos de espera por el verde electrónico arruina la serie de figuraciones pensativas, fruto de activas dinámicas cerebrales previas.

Sin embargo, a pesar de esta interrupción, existe en mí una especie de agradecimiento al semáforo por el "stop" que ha causado a mis pies en tránsito pues —aunque el artefacto impida o haga desaparecer mi ordenada emergencia de pensamientos— ello me invita u obliga a considerar con una mirada interna, mientras espero con quietud el color pertinente para cruzar, qué sucede con otra parte de mi ser, como son mis contenidos específicamente orgánicos del cuerpo, revestidos del todo en cuanto sistema fisiológico en uno. *No sabemos nada de ello mientras está en acción lo mental.* Es esta una consideración que se formula y tiene eco también a propósito de efectos enteógenos, ya que Aldous Huxley declara advertir durante su intenso estado modificado de conciencia (por su experiencia con mescalina) que "la inteligencia fisiológica que gobierna el organismo" se vive y se siente completamente autónoma de nuestra psique en la temporalidad del "viaje".

Cuando pienso en la palabra "sistema", a medida que contemplo arterias y ramales de una larga avenida toledana, caigo inmediatamente en la cuenta que contengo operativamente dos de ellos y que, como es evidente, mientras existe mi vida, van funcionando cada uno a su modo en mi diario caminar: el sistema de la mente, que es todo lo que produce el cerebro en raciocinios, pensamiento, sueños, imaginación e ideas, y el fisiológico, propio de lo que es respirar, transpirar, palpitar o latir. Muchas veces pienso en abstracto sobre la mecánica de ambos universos en mi anatomía cuando paseo a orillas de arboledas, pero en realidad detenido hoy en el semáforo confirmo que es el sistema mental al que siempre doy relieve pues me digo que la imaginación, divagaciones o pensamientos certifican sin asomo de dudas con ello su permanente sustancia real en mi identidad. A medida que proceso esta secreta dinámica intelectual olvido o ignoro que ahí (simultáneamente) permanece en mi estructura somática el notable sistema fisiológico haciendo su "trabajo" a raíz de todo proceso bioquímico que sostiene con equilibrio mi vida.

Pienso que, mientras duermo, ambos sistemas están "felices" en sus anexiones pues imagino que no sienten la presión de mi conciencia andarina en vigilia que, en mis soliloquios e introspección, cuestiona o habla cosas a los dos (a veces murmuro sobre ellos). Mientras sueño operarán en reposo fisiología y mente en el interior del sujeto que soy, procesando la vida en completo silencio, instalados como la flor de Ángelus Silesius que produce indiferencia si se le cuestiona: "La rosa es sin porqué. Florece porque florece. A ella misma, no presta atención. No pregunta si se la mira".

En esta aparente división de factores sistémicos planifico (o me invento) una singular dicotomía y entro en extraños dilemas filosóficos revestidos de una especie de antropología que me interpela como peatón: cuando vivo el acto de tomar conciencia acerca del notable valor del sistema mental creo que ello me aproxima a todo lo que considero *Humano*; y cuando fabulo introspecciones respecto a la forma de los variados y brillantes circuitos fisiológicos que recorren mi cuerpo —que se constituyen como sistemas—, siento que soy "carne" de la *Naturaleza*.

Aunque relacionar *mente* con Humanidad y *cuerpo* con Naturaleza ha surgido en mi cabeza espontáneamente —frente a un brillante césped de Madrid lleno de claveles— sé que ello es fruto de una lejana cuestión abstracta que siempre he tratado de reducir a una posible sensibilidad plástica y por esto el empleo de esta ecuación: ambos *corpus* nominales me han llevado a creer que con esa correlación se puede condensar la universal y clásica bifurcación de "materia" y "espíritu". Sin embargo advierto, con estos paradigmas, que tal vez soy deudor de incorrectas y deformadas lecturas filosóficas mías, y además dudoso de formular este patrón nominal si lo digo en voz alta en vistas a ilustrados académicos. Pero al caminar y caminar insisto y examino en mi conciencia este asunto dual, especialmente cuando me interno en el relajante placer que otorga a mi conocimiento discurrir en términos bicéfalos, cuyo pagano molde imaginativo lo proyecto en los dioses dióscuros (Castor y Pólux). Sobre todo cuando esta visión dual parece confirmarse de modo espacial y temporal al coincidir visualmente mi persona con una actual ruta (al final de este boscoso parque) que se bifurca efectivamente en dos.

Junto a la ocurrencia de los dos sistemas previos (mental y fisiológico) que he discurrido y simbolizado con insistencia en la calle, me doy cuenta que las ideas binarias me alegran la vida y, en este día en especial, me permiten pensar en paz durante la matinal caminata. Me hago cargo de las observaciones de Jung al reiterar en sus trabajos el significado de los arquetipos duales en toda existencia humana, así como también lo son el inconsciente colectivo, los mandalas y laberintos.

También Richard Tarnas en su destacado libro *Cosmos y Psique* hace notar la relevancia de la dualidad en el acontecer de sincronicidades y serendipias:

La mayoría de nosotros hemos observado en el curso de nuestra vida coincidencias en las que dos o más acontecimientos independientes y sin aparente conexión causal parecen, no obstante, constituir un patrón de significado. En ocasiones, la fuerza interna de ese patrón nos asombra hasta tal punto que nos cuesta creer que la coincidencia se deba únicamente al azar. Los acontecimientos dan la clara impresión de haber sido dispuestos con toda precisión, de haber sido imperceptiblemente orquestados.

Jung describió por primera vez este notable fenómeno, que denominó sincronicidad, en un seminario de 1928. Continuó sus investigaciones a lo largo de más de veinte años antes de intentar por fin una plena formulación del mismo, a principios de los años cincuenta.

Jung creía que, en general, las sincronicidades parecían cumplir el mismo papel que los sueños, los síntomas psicológicos y otras manifestaciones del inconsciente, esto es, compensar la actitud consciente y movilizar la psique, de una unilateralidad problemática hacia una mayor plenitud e individuación. El patrón de significado inesperadamente externalizado no sólo parecía representar más que una mera coincidencia casual, también parecía servir a un propósito definido, pues impulsaba la psique hacia una realización psicológica y espiritual más completa de la personalidad[42].

Este ojo introspectivo mío, abierto incisivamente a realidades atípicas o recónditas, me acarrea hacia otros pensamientos, que también están revestidos de dicotomías, cuya consolidación en mis recuerdos se hacen repentinos al calor de este mundo mental que ahora me invade en lejanías con la ciudad: se me revela que en lo orgánicamente pequeño también se manifiestan bifrontes los esquemas óvulos/espermatozoides (gametos) y, dentro de universales escenarios biográficos cuyo patrimonio histórico es notable, está la conjunción binaria Marx/Engels. Pero también es recurrente el "salto" a mi memoria el dato informativo relativo a la dualidad existente en los *Diarios* de Ludwig Wittgenstein, el redactar en páginas personales densas cuestiones de lógica matemática frente a folios, inmediatamente ligados a estos escritos, contenidos de profundas observaciones íntimas. Como también se delata al instante para mí, en términos pictóricos, la importancia del *bicolor* en la fallecida creadora Elena Asins por emplear de modo indiscriminado y absoluto el blanco y el negro.

Cruzando un riachuelo, que es el límite de mi paseo en el parque, también contemplo resonancias narrativas duales en la literatura de Stanislaw Lem a raíz de su *Solaris,* cuya ininteligible monstruosidad planetaria frente a la Tierra establece una simetría axial con nuestra humanidad. La crisis

---

[42] TARNAS, Richard. *Cosmos y Psique. Indicios para una nueva visión del mundo.* (Traducción de Marco Galvarini). Editorial Atalanta. Gerona. 2017, pp. 91 y 96

de identidad de métodos entre Freud y Jung además ha supuesto para siempre en la Academia el establecimiento de un imaginario binario en el universo de la discusión intelectual, a la luz de sus definidas personalidades y de las dicotomías dadas entre psicoanálisis y psicología profunda.

En todo caso, a partir de un determinado momento —impresionado por un fuerte levantamiento de aire y polvo en mi camino— la multiplicación de dualidades que me figuro en la vida la proyecto integrada a la luz de "muñecas matrioskas", al considerar escondidas en ellas una constante mecánica de duplicados. La original emergencia de estos depósitos me parece evidente a raíz de las infinitas fuentes bifrontes contenidas en secreto de protones /neutrones y en las replicantes "neuronas espejo" que determinan toda existencia cerebral.

- 19 -

Sueño y mundo viviente

Sábado 15 de Octubre (15.29 P.M.)

El hecho de haber nacido yo en un año y un día de naturaleza aritmética par, mis ojos me sugieren caprichosamente que mire con cariño en la vida asuntos de la realidad material (pero también espiritual y pensativa) si se diseñan en cuanto formatos o dispositivos duales, dicotómicos, binarios o bifrontes en el paisaje, geografías o medioambientes. Me alegra esta sugestión relativa con vivir sensaciones "simétricas", a partir del rumbo matinal que hoy emprendo, sobre todo cuando estos impulsos inmediatos los tengo verazmente —no solo por estar razonando en este instante de este modo— sino también por la simpatía de haber encontrado antes el estímulo de ello, a mediodía, gracias a una senda en el parque que se dividía en dos. Recuerdo claramente que la opción subjetiva por la vía que escogí en dicho momento en cierto modo me produjo la preciosa ambivalencia formulada por Robert Frost en su poema *The road not Taken*:

Dos caminos se abrían en un bosque amarillo, y
triste por no poder caminar por los dos,
y por ser un viajero tan solo, un largo rato me
detuve, y puse la vista en uno de ellos hasta
donde al torcer se perdía en la maleza[43].

En este contexto de espectros duales, que tanto me in-
teresan, mi imaginación intenta examinar tales fenómenos
también entre vigilia y sueño, especialmente cuando una
experiencia así, de naturaleza híbrida, se hizo evidente una
noche el dormir.

Una vez dominado por el sueño en la cama se produjo la génesis de estas "paralelas" (que contaré) entre el universo onírico que tuve y la diurna realidad existente en la
ciudad. Pero supuse que la coincidente densidad establecida entre esta dinámica nocturna del sueño con la posterior
lógica consciente de mi despierta identidad no sería sencillo de modular en el discernimiento narrativo de la vigilia.
Sin embargo, una vez fuera de mi dormitorio, recuerdo que
también fue complejo escribir hace años sobre un singular
espejismo producido ante mí (lejos del único parque de San
Pedro de Atacama) pero lo hice, y esto es lo que hoy me ani-
ma a redactar en mi paseo cómo se solapan realidad material y sueños. La fatamorgana que contemplé en ese desierto
chileno me hizo ver que, a pesar del extraño y difícil complemento producido entre lo visual y lo ininteligible, entre
el sueño y lo real, vale la pena intentar revelar (y redactar)

---

[43] FROST, Robert. *Poesía Completa*, p. 193.

qué pasa con estas mutaciones, a veces terroríficas, como se retrata en lo que narro. Así sucedió esta patética argamasa de hostiles estampas:

—Después de unos extraordinarios días juntos, estoy despidiéndome en el sueño con todos los sentimientos de mi vida de la eterna compañera de mi corazón en el autobús de la ciudad de Bristol, que me conduce al aeropuerto con destino a España. Acomodado en mi asiento antes de partir y, necesitado de decir "adiós" desde la ventana, quiero llamarla desde el móvil para unas últimas palabras (que creo ansiosamente definitivas) mientras la diviso, pero mis ojos desesperados (a medida que se marcha el transporte) descubren inexistente su número telefónico. Sufro una absoluta impotencia por las horribles "espinas" que me pone el sueño, y mi paisaje sobre mi querida persona, desde el bus, parece ser dominada por sombras que la ocultan, al ritmo de un firmamento opaco que se manifiesta poblado de dispersas carcajadas. Solo quedan supuestos gestos mudos entre ella y yo a través de una borrosa ventana del vehículo de la cual, sin embargo, aparece un cuerpo lechoso (sólo sé que la cabeza está viva) de una conmovedora criatura naciente pero ... completamente dentellada. No sé si sentí escalofríos en el sueño o en mi propio cuerpo.

Al despertar sobresaltado, pienso en Borges cuando se interroga si en verdad las pesadillas pueden ser sobrenaturales y hasta qué punto en ellas estamos, o no, en el infierno. Pero también recordé en esos momentos algo mucho más dramático y escandaloso, como fue el poema de Jean Paul Richter leído en mi juventud titulado *Discurso de Cristo muerto desde la altura del cosmos declarando que Dios no existe*. Esta catastrófica remembranza auditiva fué como un escupo a mis sesos.

Al día siguiente, después de mi vuelo de regreso, coincido en casa con ver el film *Doctor Zhivago* (1965) en el cual —desde las escenas finales— vinculo mi perturbado onirismo de ayer con la película, en el sentido del denso sufrimiento existente en Zhivago con la exacta sensación ocurrida en mí. También él vive angustiado, desde un autobús público de Moscú, por no poder comunicarse con su amada Lara al reconocerla sorpresivamente caminando en las calles de la nevada ciudad. La despedida que no pude realizar por el teléfono en mi sueño en el bus se identifica en el film con la aterradora impotencia de Zhivago en la calle por alcanzar a Lara, hasta el punto que el suceso le causa la muerte en el cine, pero a mí espanto total en la pesadilla. Al darme cuenta al cenar que todo este asunto vivencial mío caía, por lo demás, en el universal patrón psicoanalítico del *doble*, me sentí invadido por una inquietante extrañeza en Madrid.

En estas circunstancias (concluida la película en casa) pienso en mi contexto padecido, no solo dual sino prácticamente sincrónico entre vigilia y sueño, y ello me conduce a releer el valioso estudio de Jung *La interpretación de la naturaleza y de la psique. Un caso de relación acausal*, en el cual analiza dualidades y experiencias "bifrontes" de extraordinaria credibilidad.

Esto me hizo razonar que lo soñado "coloniza" (en ocasiones) el reino de la mundanidad. Toda esta fenomenal ambivalencia revestida además en símbolos coincidentes cuando, al salir a la calle al día siguiente, al mirar el inicio de un intenso viento, parece prolongarse ese sueño al llegar cerca de mis botas (desde una pared del barrio jamás vista antes) un arrugado y húmedo cartel informativo sobre ese film de David Lean. Extraño... ¿no? Jacobo Siruela, en su libro *El mundo bajo los párpados,* hace notar una serie de consideraciones oníricas relativas a procesos de sueños anticipadores. También el criterio de Richard Tarnas apuntado el 3 de octubre resulta ilustrativo al respecto.

- 20 -

Liberación de la mirada

Martes 15 de Noviembre (19.27 P.M.)

Una vez aclarado en mi mente el "pacto" de sentido producido en octubre, según mi manuscrito, entre mi pesadilla y la despierta realidad circundante, entre el film y mi contingencia diurna, me he dado cuenta de algo que nunca captaba: cuando al salir de mi piso miro el horizonte con el fin de ubicar la senda que tomaré en mi recorrido, es incorrecto decir "desplegar" o "extender" la vista pues nuestro natural proceso de la mirada no implica que los ojos tengan en sí un dispositivo similar a una *alfombra* o *esterilla* (tampoco es una cortina) que se abra y se recoja según la necesidad del propósito visual. Es como intentar hacer encajar un asunto de carácter dinámico, rotativo o temporal dentro de un suceso de naturaleza completamente contemplativa.

La extraordinaria riqueza sensitiva que supone sencillamente *observar* consiste precisamente en que, una vez abiertos los ojos, la operación de las pupilas se "entrega" totalmente al reino de lo panorámico, si lo permite la claridad, y en este proceso no es posible ponderar criterios relativos a medidas, tiempos o distancias. Es otro fenómeno el que se manifiesta ahí.

En este sentido, al caminar y mirar hacia adelante, yo no despliego ni extiendo nada a partir de mi vista porque la retina —antes de que mi voluntad lo decida— ya ha revelado como un resorte cuál es el tope y la magnitud de lo ocularmente expuesto. Además, creo que si la vista es instantánea a raíz de escenarios públicos o privados que me presenta el camino, también comprendo que ello es simultáneo al movimiento de la luz y, en esta medida, como es obvio, percibo que el encuentro con la realidad de sujetos cercanos a mí en el paseo despiertan, en mi discurrir urbano, lógicas distintas a hechos o cosas visualizadas en lejanías, tales como dormidas colinas, nubosos cirros o difusas luces titilando (pero esto no implica que mi óptica haya "caminado" con mayores o menores pasos hacia esos entes callejeros o hacia la sustancia concreta de esos horizontes).

Un asunto también de índole contemplativa, aunque su vínculo con los ojos no radica en el problema típico de lo absurdo que significa expresar *"estirar" la vista*, consiste en la incongruente cuestión —pero filosófica y literariamente admitida— respecto a las proyecciones del lenguaje al pretender formular coherencia ante conceptos que las pupilas y el iris jamás tienen ante sí. Me refiero a las deficiencias ilógicas de emplear el sentido de la vista a propósito de términos como *esperanza*, *dolor* o *deseos*, por ejemplo. Mis cuencas visuales carecen por completo de algún aparato específicamente ocular (en la plaza en que estoy) que permita a mi visión *acercarme* o *alejarme* de tales adjetivos (pero sí estoy revestido de mediaciones afectivas, emocionales y sentimentales para entender sensaciones).

Yo desde mis ojos no puedo observar nada figurativo en estos conceptos que revelen criterios o modalidades plásticas, estéticas, pictóricas, con el fin de establecer una conexión óptica próxima o distante con ellos a medida que avanzo en mi camino. Este trinomio nominal (esperanza, dolor, deseos) descansa en propiedades ajenas a contenidos táctiles o sensibles que garanticen constatar una realidad medioambiental mundana. Decir o suponer que *retrocedes* o *avanzas* escópicamente hacia un deseo, a una esperanza, o a un dolor implicaría involucrarse en un asunto de naturaleza metafilosófica cuyo único empeño por aclarar el hipotético paisaje o relieve de tales conceptos reposaría (y reposa en todo relato) en recursos literarios, alegóricos, metafóricos o simbólicos. Las premisas de ello es el empleo de un lenguaje sensible y emocional de un sujeto declarando esperanzas (al *mirar* un árbol que va a dar frutos), dolores (cuando sufre *viendo* a un perro malherido) y deseos (proyectados en beber un aromático y *visible* café a media tarde).

- 21 -

Sentimientos y contemplación

Viernes 2 de Diciembre (14.48 P.M.)

Todas estas curiosas preocupaciones antedichas, redactadas un pasado día de noviembre, incidieron una buena tarde en mí para ensanchar hacia la estética medioambiental aquellos criterios que originalmente observaba como tareas del lenguaje, y me puse a pensar en asuntos relativos a las ambivalencias del sentido de la *esperanza* en el paisaje, en la consistencia de panorámicas espaciales que alumbran íntimos *deseos de paz* causando topofilias, y en escenarios temporales plenos de sucesos de *dolor* transformados en solastalgias. Me figuré que la plaza de Sevilla, en la que estaba, de algún modo reunía a la vez de forma didáctica estas tres modalidades sensitivas padecidas por un hipotético (o imaginario) sujeto instalado en ese territorio andaluz: la encantadora *belleza* de ese recinto descansaba para él en los contrastantes ángulos entre las cortas murallas del recinto con los adoquines de ese espacio; los *deseos* visuales de esa persona estaban latentes en sus ojos por demandar con urgencia más brillo y luz de las opacas farolas, y el *dolor* se revelaba en dicho individuo por la crítica armonía que causaban en su temple los desequilibrados postes que sostenían peligrosos cables eléctricos de la zona.

Sin embargo, este doméstico hibridismo de estados de ánimo que yo proyecto, siempre puede "desplazarse", gracias a mi subjetividad de caminante, pues opero y valoro con sentimientos diferentes según variados encuentros fisonómicos, acústicos o pictóricos al calor de paisajísticas urbano-forestales. En realidad estas palabras (esperanza, dolor, deseos) son inicialmente en su natural expresión flotantes fonemas que en sí no dicen nada, y por ello me alegro que sea nuestra propia existencia sensitiva la que, en definitiva, otorgue reales contenidos a cada una de ellas.

Además —como es obvio— la compleja palabra *esperanza* puede sufrir modificaciones y contrapuntos en mi temperamento de acuerdo al influjo de caminos en lugares áridos (u otros): por ejemplo, recuerdo que al andar por la desolación del desierto de Uarzazate (Marruecos) remití hacia mi interior contemplativo la evidente proyección de vacío, abandono y desesperanza que me revelaron el polvo y las infinitas piedras existentes ahí. Pero prácticamente de ese mismo espacio visual, pero en Egipto, floreció optimismo en mi conciencia al comprender que el sentido colectivo que vi en la sociedad cairota por proteger sus tesoros faraónicos del Valle de los Reyes en Luxor les llevaba a redescubrir, renovar y despertar de un modo nuevo como cultura frente al eterno desierto de sus vidas; lo cual todas sus sensaciones populares por su patrimonio me hacían pensar con esperanza y progreso su histórica existencia egipcia.

Respecto a mis deseos de belleza, sé que en primer lugar siempre debo modificar lo contemplado en "objeto" y, a partir de esta pulsión, siento una especie de promesa en mi corazón determinada por lo bello en vistas a modularse en placer, alegría o satisfacción por lo visto o anhelado. Pero hay paisajes que se resisten a ser reducidos a cosas y, por eso, en ese caso, mis intenciones objetuales son sobrepasadas cuando vivo preciosas rutas por la costa mediterránea: no es posible cosificar el perfecto azul del mar que veo en torno a la isla griega de Amorgos, ni decir que es simple entropía el desorden del brillante vuelo de las gaviotas en el puerto de Estambul. Pues en realidad estas irreductibles panorámicas corresponden y son fruto de ansias del sujeto (yo mismo) por desear que ambos fenómenos crezcan y crezcan siempre en todo su adorable esplendor. Causan lágrimas de silenciosa alegría.

- 22 -

Cuerpo dolido y naturaleza

Miércoles 14 de Diciembre (00.15 A.M.)

En relación con la evidente dificultad de figurarnos un dolor físico inscrito en un paisaje natural (¿cómo se representa uno eso?) he intuido, sin embargo, que esta fantasmática dolencia se me revela real cuando —frente a un marco visual— me acompañan impresiones psicológicas internas tales como angustias o miedos personales. Curiosamente, y por increíble que parezca, esta mezcla de sensaciones condiciona mi psiquismo para interpretar como dolorosa la panorámica extendida ante mis ojos (sea el Himalaya, Brasil o el Caribe) pero en un muy subjetivo sentido: en la medida que mi óptica anticipa, informa o fija ante ese "espectáculo" natural colapsos o crisis entre Naturaleza y Sociedad, interpelando a uno como sujeto, la visión de ese escenario termina por convertirse para mí en gimiente ruina. Por ejemplo, originalmente veo dañado, es decir dolido, al magnífico Everest por la infinita basura acumulada debido al tránsito constante de alpinistas y caravanas y en este sentido la mole telúrica me proyecta sufrimientos. Pero esta personificación para mí se transforma en terminante dolor cuando me hago cargo, a propósito de la montaña, del pánico y las angustias que imagino de escaladores, aventureros y *sherpas* por agotar esfuerzos por sobrevivir en interminables cumbres. Es este "nido" contextual creado, no sin tensión, entre prosopopeya y sufrimiento humano el que concluye por hacerme ver que en el paisaje existen vivas penurias.

Algo similar me ocurre con la panorámica de la Amazonia: en principio observo dolor en el Mato Grosso por la información documental relativa a la terrible deforestación producida ahí, pero cuando me implico en emociones a raíz de proyecciones del propio miedo del indigenismo brasileño, por la violación y muerte de sus tierras, la selva se me revela gritando. La sensibilidad que se despierta en mí en esos momentos me hace comprender a la Tierra, no sólo como un Ser vivo, según las consideraciones de la "Ecología Profunda" formuladas por J. Lovelock, sino también contenida de Espíritu, tal como plantea las cosas la actual teología de L. Boff.

También el mismo efecto se produce en mi psicología al figurarme la belleza acuática disonante del dañado fondo marino del Caribe: el constante flujo de completas "islas" de plástico ocasionadas ahí por la basura evacuada al mar durante décadas se mezcla con mi triste desilusión sufrida por ver pescadores carentes de ayudas para curar esa miseria desde las playas.

Una fuente hermenéutica que puede explicar porqué encajono de este modo estos factores complementarios entre mi cabeza y paisaje reposa quizás de forma determinante en el psiquismo personal mío:

> Según algunos psicoanalistas el entorno no determina el inconsciente, sino al revés. Howard F. Stein afirmó que el paisaje es una especie de pantalla donde se proyectan y se representan con símbolos dramas internos colectivos[44].

Ramón del Castillo no considera:

> que sea así, pero tampoco cree que se deba expulsar a los psicoanalistas de la geografía, y admitir solo a psicólogos que se han entregado a la neurociencia[45].

En una característica conciencia estética, por otro lado, la transferencia de estados de ánimo al propio entorno urbano se refleja de modo muy sensible en el temperamento del pintor Giorgio de Chirico, quien estima que su cuadro *El enigma de una tarde de otoño* (de 1910) es fruto de un incómodo momento íntimo:

> Una clara tarde otoñal me hallaba sentado en un banco en medio de la Piazza Santa Croce de Florencia. Por supuesto, no era la primera

---

[44] Cf. DEL CASTILLO, Ramón. *El jardín de los delirios. Las ilusiones del naturalismo.* Ediciones Turner, Madrid, 2019, p. 550.
[45] Ibid.

vez que veía esta plaza. Acababa de salir de una larga y dolorosa enfermedad intestinal, y tenía una sensibilidad casi morbosa. El mundo entero, hasta el mármol de los edificios y de las fuentes, me parecía convaleciente[46].

El título de su extraordinaria pintura *Misterio y melancolía de una calle* (de 1914) también es resultado en él de un temple cuyo antecedente es una cotidiana experiencia urbana, sometida a una "súbita revelación", contenida de silencios y de extraños significados espiritualmente determinados por una ansiedad sobre la muerte.

Una vez en casa, recuerdo que las preocupaciones en mi camino, respecto a la naturaleza de esos grotescos pensamientos personales, siempre son reformulados prácticamente al final del día, después de largas rutas, producto de diversos amalgamas teóricos producidos por esos pasos previos. En cierto modo me digo con ello que "no quiero perder el tiempo" en mi constante deambular urbano al calor de los ejercicios que me propongo, vitalizando mis ojos y mi cabeza con tales incisivas cuestiones. Me figuro que estoy respondiendo directamente a la necesidad constructiva del fondo de mi corazón por hacer "algo" al andar y, en algún sentido, obedezco a las preocupaciones de Elvira Orphée, cuya esterilidad espiritual es absoluta si ella siente que pasea por pasear:

---

[46] BEAUMONT, Matthew, p. 45.

Yo nunca paseo por pasear. Es como decidirse a perder vida. Hay que pasear por algo, con una intención más allá del mero paseo: pasear por amor a través de junglas vegetales, pasear en busca de jardines que hagan descubrir misterios en uno mismo y en los demás, pasear para que los paisajes traspasen el alma y le dejen pequeños agujeros por donde entren muchas cosas que normalmente no pueden entrar porque las almas están demasiado cerradas. Pero ¿pasear porque sí?[47].

Sin embargo, siempre a la larga "pasear por pasear", lo sé, implica vivir pensamientos y transformación mental. Incluso es posible llegar a decir que "caminamos porque amamos algo" (Nicolás Lange). Este profundo sentimiento de afecto, manifestado a medida que damos pasos construyendo caminos en nuestra vida, comienza con pasión de forma matinal en Libby De Lana. Ahí ella parece estar convirtiendo en sustancia la sensibilidad de ese "algo" que sospecha Lange:

la caminata de la mañana es una cuestión de amor. Amor por el planeta. Amor por la curva del camino. Amor por la capacidad de tener éxito. Amor por cruzarse con amigos. Amor por la humedad despiadada. Amor por los pies fríos. Amor por el tiempo pasado en compañía. Amor

[47] SCOTT, Edgardo. *Caminantes: Flâneurs, paseantes, walkmans, vagabundos y peregrinos.* Gatopardo Ediciones. Barcelona. 2002, p. 49-50.

por la soledad. Amor por la bebida caliente al llegar. Amor por la capacidad de movernos. Amor por la oportunidad de pensar y ser[48].

[48] DE LANA, Libby. *Camina. Recorre el mundo, el cuerpo y la mente. Paso a paso.* (Traducción Jacinto Pariente). Editorial Koan. Badalona. 2002, p. 107.

Conclusión

Las bifurcaciones urbanas, informativas, intelectuales, rurales, pensativas o forestales que he relatado en detalles en veintidós etapas durante un año (generando una engañosa ubicuidad cosmopolita: Madrid, Londres, Valencia, Santiago de Chile, etc.) sin llegar a ningún punto final concreto —por esto creo que es una ruta "asintótica"—, y el contraste de ello respecto a mi propio mutismo manifestado a lo largo de caminos, resulta ser una llamativa ambivalencia, convertida en un recurso literario fundamental del *Cuaderno*.

Si no hay diálogos (como se puede apreciar) ni he abierto la boca en relación a interlocutores, en mis las largas declaraciones narrativas, ha sido sin dudas por priorizar en las sendas panorámicas la importancia de las funciones escópicas en la mente al andar, acompañadas en el silencio de la emergencia de sensaciones, fechas, horarios, fabulaciones, recuerdos, ideas e imaginación causadas al calor de mi despierta vida interior.

Glosa relativa al concepto *"kairós"* procedente del sábado 8 de enero

Con la expresiva formulación *kairós* me hago eco de un aspecto de la nomenclatura filosófica griega relativa la temporalidad y a la humana circulación de la vida, cuyo esencial sentido consiste en vivir transformada la acción del tiempo ordinario en "otro" gracias a una sensibilidad que nos dicta oportunidad y ocasión (también fortuna y suerte) en vistas a un determinado acontecimiento.

En este sentido, puedo decir que mi persona —en cuanto viajero y caminante— ha sido dominada en más de una ocasión por un sentimiento *kairótico*. Sobre todo al recordar de qué modo fui sorprendentemente interpelado por la belleza, armonía o pureza que me han revelado muchas veces los paisajes públicos de ciudades, lo cual produjo un ininteligible bienestar y gratitud. Ello supuso lo básico del *kairós,* cual fue respirar ahí la presencia de un momento, instantes o tiempo *nuevo* cuyo dato confirmatorio se hacía real a los sentidos al descansar en mi una expansiva alegría. En términos teológicos, dicha dinámica podría tener sentido con la palabra "epifanía".

Tanto en términos íntimos o personales (un paseo, una aventura, una caminata) como en ámbitos histórico-políticos (de aquí mi sugerencia en el texto respecto a la presencia de un evento *kairólogico* en el proceso popular chileno que recuerdo, según escribo en Junio y Agosto), es una densidad temporal dichosa, que se anticipa en críticos momentos como novedosa, inédita y fecunda al "interrumpir" la rutinización del orden lineal del tiempo (cuya conversión es *cronos*). Pero no es algo que tenga que ver con las propiedades de la velocidad del Reloj de la Vida. El *kairós* es una especie de "implosión" del tiempo ordinario cuya posible metáfora, a mi juicio, guarda relación con la textualidad de la formulación de Walter Benjamin referido a un "tiempo repleto de ahora" (Cf. REYES MATE, M. *Medianoche en la Historia. Comentario a las tesis de Walter Benjamin "Sobre el concepto de historia".* Editorial Trotta, Madrid, 2006, p.223) lo que parece revestir un acontecimiento que disipa —o produce otra naturaleza— la común temporalidad de una existencia anodina y circular que va dando "tumbos" (Byung-Chul Han).

Fuentes

He tenido en cuenta en la redacción del *Cuaderno* el carácter implícito de la siguiente bibliografía:

- ALVAREZ SOLÍS, Ángel. *Filosofía de la apariencia física.* Ediciones Taugenit. Salamanca, 2021.

- BINNS, N. *Criaturas del desarraigo o en busca de los lugares perdidos. Alienación y ecología en la poesía de Hispanoamérica*, en: *América Latina hoy* 30 (2000) pp. 43-77.

- ELLARD, Colin. *Psicogeografía. La influencia de los lugares en la mente y en el corazón.* Editorial Ariel. (2ª Edición). (Traducción de Gemma Deza Guil). Barcelona. 2018.

- HELLPACH, Willy. *Geopsique.* Editorial Casa de Horus. Madrid. 1992.

- KOLNAI, Aurel. *Asco, soberbia, odio. Fenomenología de los sentimientos hostiles.* (Introducción y traducción de Ingrid Vendrell). Editorial Encuentro. Madrid. 2014.

- OTTO, Rudolf. *Lo Santo. Lo racional y lo irracional en la idea de Dios*. (Traducción de Fernando García Vela). Alianza Editorial. Madrid. 2016.

- PAU, Antonio. *Manual de Escapología. Teoría y práctica de la huida del mundo*. Editorial Trotta. Madrid. 2019.

- SIMMEL, George. *La metrópolis y la vida mental*, en: *Bifurcaciones. Revista de estudios culturales urbanos 4* (2005) pp. 110-117.

- TUAN, Yi-Fu. *Topofilia. Un estudio de las percepciones, actitudes y valores sobre el entorno* (Traducción de Flor Durán). Editorial Melusina, Barcelona, 2007.

- WITTGENSTEIN, Ludwig. *Zettel* (Traducción de Octavio Castro y Carlos Ulises Moulines). UNAM. México, 1985. (2ª Edición).

- WITTGENSTEIN, Ludwig. *Investigaciones filosóficas* (Traducción y notas de Alfonso García Suárez y Carlos Ulises Moulines). Editorial Gredos, Madrid, 2009.

- WOOLF, Virginia. *De viaje* (Traducción de Patricia Díaz Pereda) Ediciones Nórdicas. Madrid, 2023.

Índice

Acápites Introductorios 11

1. Los pasos iniciales.
Sábado 8 de Enero 2022 (21.37 P.M.) 15

2. Efectos del espacio público.
Miércoles 12 de Enero (09.52 A.M.) 23

3. Percepción visual y ateísmo.
Domingo 16 de Enero (14.38 P.M.) 33

4. Paisaje y proyecciones morales.
Viernes 11 de Febrero (17.05 P.M.) 41

5. Complementación estética.
Miércoles 23 de Febrero (18.21 P.M.) 53

6. Camino y memoria.
Domingo 13 de Marzo (19.27 P.M.) 65

7. Fisonomías humanas. Climas y acústica.
Sábado 26 de Marzo (10.32 A.M.) 71

8. Pensamientos en ruta.
Viernes 6 de Mayo (07.15 A.M.). 85

9. Sensibilidad y entorno ambiental.
Viernes 20 de Mayo (14.37 P.M.) 89

10. Árboles.
Martes 31 de Mayo (16.05 P.M.) 95

11. Paisajes políticos.
Viernes 17 de Junio (02.15 A.M.) 99

12. Desarraigo temperamental.
Miércoles 22 de Junio (23.15 P.M.) 103

13. Chile, el tiempo y Julia Kristeva.
Lunes 27 de Junio (13.02 P.M.) 107

14. Paul Bowles y el exilio.
Domingo 7 de Agosto (11.05 A.M.) 113

15. Séneca.
Sábado. 20 de Agosto (18.06 P.M.). 121

16. Existencia y filosofía.
Domingo 11 de Septiembre (08.45 A.M.) 125

17. Literatura y ecos urbanos.
Martes 13 de Septiembre (22.15 P.M.) 133

18. Mente y realidades duales.
Lunes 3 de Octubre (07.55 A.M.) 139

19. Sueño y mundo viviente.
Sábado 15 de Octubre (15.29 P.M.) 147

20. Liberación de la mirada.
Martes 15 de Noviembre (19.27 P.M.) 153

21. Sentimientos y contemplación.
Viernes 2 de Diciembre (14.48 P.M.) 157

22. Cuerpo dolido y naturaleza.
Miércoles 14 de Diciembre (00.15 A.M.). 161

Conclusión 167

Glosa 169

Fuentes 171

La Palma (Enero)

Este libro se terminó de editar en el mes de Mayo de 2024, 220 años después del fallecimiento de Immanuel Kant, cuyo carisma fue notable por las diarias caminatas pensantes en su pueblo de Königsberg.